Vivre une vie totalement équilibrée

© 2024, Donantcha KOUASSI (donantchalivre@gmail.com, +2250708210238)

Édition : BoD · Books on Demand, 31 avenue Saint-Rémy, 57600 Forbach, bod@bod.fr

Impression : Libri Plureos GmbH, Friedensallee 273, 22763 Hamburg (Allemagne)

ISBN : 978-2-3225-3529-3

Dépôt légal : Décembre 2024

« Tous droits de reproduction, d'adaptation et de traduction, intégrale ou partielle réservés pour tous pays. L'auteur est seul propriétaire des droits et responsable du contenu de cet ouvrage ».

DONANTCHA KOUASSI

Vivre une vie totalement équilibrée

Collection Psycho-spirituelle

Abidjan, Côte d'Ivoire

Les illustrations bibliques sont tirées de la version Louis Segond, sauf mention contraire.

À

mon Père, M. KOUASSI Koffi Eugène, ma Mère, Mme KOFFI-ALLA Amoin Joelle, ma tendre épouse, Mme KOUASSI Inès, mes enfants : Medad, Eldad, Yakiyn et Boaz.

REMERCIEMENTS

Je souhaiterais remercier tout premièrement le Seigneur Jésus pour sa grâce et sa direction durant la rédaction de ce premier ouvrage.

Je voudrais aussi remercier ma tendre épouse pour son soutien, ses conseils et ses prières durant ce premier voyage littéraire.

Je remercie de tout cœur mes amis et frères Camille HIEN et Christian KOUAKOU pour leurs soutiens dans la rédaction de ce livre.

Enfin, je ne saurais terminer cette page de remerciements sans souligner l'aide, les conseils et la bénédiction du pasteur Alexis Dominique SITA, Pasteur principal de l'église des Assemblées de Dieu d'Akouédo Sydes "La Maison de Paix" ainsi que ses collaborateurs, les pasteurs Kouamé KOUADIO et Thomas ADINSI.

SOMMAIRE

Dédicace 7
Remerciements 9
Table des illustrations 12

Introduction 13

Chapitre 1 :
Le constat 19

Chapitre 2 :
Moi je suis de Paul... et Moi, je suis d'Apollos 25

Chapitre 3 :
Des hommes et des femmes consacrés 37

Chapitre 4 :
La Croissance à tous égards 49

Chapitre 5 :
Vous devez avoir une expérience personnelle
de Jésus-Christ 61

Chapitre 6 :
Votre croissance spirituelle :
la fondation de votre équilibre. 73

Chapitre 7 :
Une bonne relation avec votre prochain fait partie
de votre équilibre 91

Chapitre 8 :
Votre vie financière fait partie de votre équilibre 111

Conclusion 131

Table des matières 135

Table des illustrations

1 Images de différentes fondations de maison. *Chap. 6, p. 73*

2 Images de différents gros œuvres de maison. *Chap. 7, p. 93*

3 Un aperçu de la gloire du roi Salomon. *Chap. 7, p. 100*

4 Le Lis des champs. *Chap. 7, p. 100*

5 Différentes finitions et décorations de maison. *Chap. 8, p. 112*

INTRODUCTION

S'il est vrai qu'aucun Homme sur la terre ne peut vivre heureux étant dans le manque, il est aussi vrai que tout homme désire vivre une vie stable et abondante. Aucune de nos actions n'est faite sans l'objectif premier de nous satisfaire. Nous recherchons dans nos prières, dans nos différentes relations et dans notre travail une vie productive et paisible. Si un objectif atteint donne naissance à un autre, c'est parce qu'à l'intérieur de nous une pleine satisfaction manque encore.

La pensée de l'abondance et de la stabilité demeure parmi les préoccupations les plus profondes de l'humanité. En écoutant les projets de vie des Hommes dans mon entourage (amis, connaissances, frères et sœurs), en parcourant en détail la cause de nos différentes difficultés et l'objet de nos joies, j'ai compris que nous désirons tous atteindre un même statut. J'ai également étudié certains personnages de la Bible, les sacrifices que des hommes et des femmes pouvaient consentir pour une seule chose importante quand ils semblaient avoir l'abondance de tout le reste. Après analyse, j'ai compris que tout Homme est en perpétuelle recherche de paix, de tranquillité et surtout d'équilibre.

J'ai vu que sur la terre, les Hommes sont prêts à se donner esprit, âme et corps pour obtenir une seule chose aussi longtemps qu'ils croient que cela les aidera à parvenir à une satisfaction intérieure. Personne ne se sent tranquille ou en joie lorsqu'il lui manque un important bien. Personne ne souhaite manquer d'amour, d'affection, d'ami, de confident, de remèdes, de ressources financières et matérielles, de support ou d'aide au moment où il en a le plus besoin. Aucun homme ne peut être heureux dans le manque. La pensée d'équilibre a toujours animé l'Homme dans son for intérieur et cela, il le tient de son Créateur.

Si cette pensée d'équilibre siège dans le cœur de l'Homme depuis sa création, combien sont-ils à être parvenus à cet état ? Combien jouissent-ils de cette grâce ? Force est de reconnaître que seulement peu y sont parvenus et plusieurs l'ont manquée, et continuent de s'en éloigner à cause de l'état de leur cœur.

En effet, depuis que l'Homme s'est détourné de son Créateur pour suivre ses propres voies, le monde n'a cessé de s'engouffrer dans un déséquilibre grandissant. Le cœur de l'Homme n'a cessé de

Introduction

se remplir de pensées néfastes à son prochain, à son environnement et à lui-même. L'envie, la jalousie, la rancune, la haine, le mépris, les meurtres, l'indifférence, l'intolérance, le racisme, etc. sont des choses dont l'être humain est devenu prisonnier. Ces pensées ont conduit à rendre plus manifeste la loi du plus fort qui se perçoit par le fait que les plus avantagés piétinent ceux qui en sont moins afin de maintenir encore plus longtemps leur supériorité. Ne dit-on pas souvent que « *celui qui veut la paix prépare la guerre* » ? Cette pensée conduit les nations à une course sans fin aux armements.

Si Dieu, depuis la création, ne cesse de nous inviter à garder précieusement notre cœur, c'est parce que de lui provient tout ce qui nous conduira à la vie.

La vérité est que nous avons mis de côté ou négligé les besoins fondamentaux de notre cœur pour nous focaliser sur la direction que nous imposaient nos désirs corporels. L'Homme a ignoré les lois fondamentales de son existence pour ne respecter que celles qu'il s'est lui-même inventées. Ces lois fondamentales de relation spirituelle et personnelle avec son Créateur, de cohésion vraie, d'amour sincère du prochain, de pardon, de tolérance mutuelle, d'abondance de ressources financières et matérielles, etc., sont des prérequis sans lesquels l'humanité baignerait dans un déséquilibre continuel.

Ces pages ont été écrites pour nous amener aux lois de Dieu et nous montrer les trois domaines fondamentaux et essentiels sur lesquels nous devons travailler afin d'expérimenter une vie paisible, productive, excellente et équilibrée. Lorsque le Saint-Esprit m'a révélé ces domaines et que j'y ai prêté toute mon attention, j'ai moi-même commencé à expérimenter une vie plus harmonieuse. J'ai constaté que toutes nos actions ou projets tournent autour de trois domaines clés que sont ***notre relation avec Dieu, notre relation avec notre prochainet nos besoins matériels et financiers***. Mais plus important, j'ai compris qu'aussi longtemps que nous manquerons de croître équitablement dans ces domaines nous rencontrerons inévitablement des frustrations sur notre chemin.

Ayant cette parole de l'Esprit, j'ai relu les évangiles et j'ai alors compris que la sérénité de notre Seigneur Jésus et la source de sa croissance provenaient de sa croissance équitable dans ces trois champs comme l'Esprit me l'a détaillé. Si malgré nos efforts nous sentons encore un vide à l'intérieur de nous ou des situations de la vie qui nous affectent jusqu'à nous arracher notre envie de vivre, c'est parce que nous avons manqué de croître comme notre Seigneur. Car sans aucun doute, nous avons été conçus pour être en bonne santé quand nous prospérons à tous égards (***3 Jean 1v2***).

Ma prière, c'est qu'à la fin de votre lecture, vous compreniez non seulement l'importance de ces trois domaines dans votre recherche de paix et d'équilibre, mais que vous constatiez le domaine dans lequel

Introduction

vous avez manqué de croître ou que vous avez négligé jusqu'aujourd'hui. Ainsi, vous trouverez les éléments à mettre en œuvre pour votre progrès, afin que vous jouissiez de cette paix inestimable que nous a laissée notre Seigneur Jésus. ***Jean 14v27 :***
« Je vous laisse la paix, je vous donne ma paix. ».

Chapitre 1 :
LE CONSTAT

Lorsque nous entamons le chemin de la vie après notre naissance, l'un des premiers désirs qui nous habitent dès lors que nous sommes conscients, est celui de l'abondance. On souhaiterait avoir tout ce qui plaît à nos yeux. On voudrait vivre sans avoir de limitation dans notre croissance. Nous voulons être heureux. La tristesse est le dernier sentiment que nous voudrions ressentir. La parfaite illustration de tout cela est la faculté, lorsque nous sommes enfants à vite oublier les moments de tristesse et de pleurs, pour nous focaliser sur les instants de joie, de croissance et d'apprentissage.

Pendant ce temps, le bâton de l'éducation tenu par nos parents est présent. Munis de ce bâton, nos parents nous apprennent qu'il faut savoir s'arrêter, qu'il faut se focaliser sur certaines choses et en oublier d'autres. Ils nous apprennent à prioriser. Ils nous enseignent comment valoriser, évaluer et apprécier les dons et les évènements de la vie afin de bénéficier de ce qu'ils ont à nous offrir. Tout cela contribue à nous aider à gérer ce désir d'abondance qui n'est rien d'autre que le désir de vivre équilibré.

Chaque être humain désire au plus profond de lui-même avoir une vie équilibrée. C'est pourquoi à chaque étape de notre vie, nous examinons minutieusement toutes nos décisions pour nous assurer qu'elles participent à la construction de cet équilibre.

Pendant longtemps, le plus grand nombre a cru que l'acquisition des richesses matérielles et financières était le moyen de combler ce besoin d'équilibre. Cependant, au fil du temps, la sagesse divine est parvenue aux hommes et le Créateur a trouvé de la place dans le cœur de l'Homme, qui s'est rendu compte de la réalité. La réalité est que les finances, aussi importantes soient-elles, ont leurs limites. Les hommes ont réalisé qu'il faut, en plus des finances, croître également dans d'autres domaines pour avoir une vie vraiment paisible, modérée et équilibrée.

De l'autre côté, nous avons la spiritualité. Pendant un temps assez long de l'histoire de l'Église, plusieurs chrétiens ont pensé qu'une bonne vie spirituelle suffirait pour avoir une vie stable et sécurisée. Cela a conduit à des familles brisées parce que plusieurs décisions ont été prises sur la base de *"Dieu aidera"*. Nous avons entendu ou vécu des frustrations parce que Dieu n'aurait pas vite répondu à une prière. Nous nous sentions comme infirmes,

Le constat

incapables de recevoir ce que Dieu nous donnait à main tendue.

Au plus profond de nous, nous sentions comme un signal de Dieu, de croître dans certains domaines clés pour expérimenter l'infiniment grand qu'il a à nous offrir. Mais de quel domaine ou de quel aspect de notre vie s'agit-il ?

Vivre équilibré, c'est vivre dans cette paix totale que notre Seigneur Jésus-Christ nous a laissée quand IL disait en **Jean 14v27** : **« *Je vous laisse la paix, je vous donne ma paix. Je ne vous donne pas comme le monde donne. Que votre cœur ne se trouble point, et ne s'alarme point.* »** Nous avons, pour la plupart d'entre nous, confondu cette paix à la joie ressentie pendant la louange, aux pleurs pendant l'adoration, à la joie ressentie à l'acquisition d'un bien ou à l'exaucement d'une prière. La paix dont parle le Seigneur est vraiment différente de tout cela.

Jésus dit : « *Je ne vous donne pas comme le monde donne...* ». Pourquoi dit-il cela ? C'est parce qu'il y a, premièrement, une différence entre la paix qu'il nous donne et la paix que le monde peut nous procurer. En effet, la paix que donne le Seigneur Jésus, par son Esprit Saint, est une capacité et celle que le monde donne est juste une sensation. Jésus nous enseigne au travers de ce verset (***Jean 14v27***) que **la paix qu'il désire donner aux êtres humains, c'est-à-dire à toi et à moi, est une assurance (paix) générée par la capacité qu'il nous donne d'obtenir, par son Esprit, tout le nécessaire à**

notre épanouissement total sur la terre. Vivre dans la paix du Seigneur Jésus, c'est vivre sans être troublé, sans s'alarmer, quelle que soit la situation, car nous savons que la solution a déjà été pourvue, que nous avons la capacité, par son Esprit, de trouver la solution et de l'appliquer. Jésus finit sa phrase en disant : « *Que votre cœur ne se trouble point, et ne s'alarme point* ».

À l'opposé, la paix promise par le monde est une joie ou une sensation ponctuelle basée sur des choses comme l'acquisition d'un objet ou d'une somme d'argent, la joie de voir une personne ou d'obtenir une promotion au travail, etc. Cette joie ne vous donne pas la capacité à faire face à certains des principaux freins à votre épanouissement complet sur la terre. Je vous donne un exemple : ce n'est pas parce que vous venez de recevoir votre voiture de rêve en cadeau que vous serrez capable de régler le problème d'enfantement qu'a votre épouse. La joie promise par le monde est donc éphémère, elle ne dure qu'un instant.

La paix que donne le Seigneur Jésus est donc préférable, mais elle nécessite de la connaissance. La Bible nous enseigne que l'homme nouveau que nous sommes devenus après avoir accepté le Seigneur Jésus comme notre sauveur personnel, doit se renouveler dans la connaissance afin d'être à l'image de son Créateur.

***Colossiens 3v10* :** *« ...et ayant revêtu l'homme nouveau, qui se renouvelle, dans la connaissance,*

Le constat

selon l'image de celui qui l'a créé. »

L'analyse de la vie de Jésus et de certaines histoires dans la Parole nous a donné de voir trois domaines essentiels de croissance pour une vie équilibrée. Ces trois domaines ne sont rien d'autre que le domaine spirituel, le domaine relationnel et enfin le domaine financier. En analysant la Parole de Dieu, en observant tout ce qui se passe autour de nous, en écoutant et en analysant l'histoire, et grâce à l'orientation du Saint-Esprit, nous avons compris qu'aussi longtemps que nous manquerons de croître équitablement dans ces trois domaines, nous nous exposons à des frustrations, des limitations, des évènements dramatiques devant lesquels nous serons sans force et sans voix.

Les chapitres suivants nous montrer ont comment nous avons parfois manqué ces choses, nous aiderons à voir l'état de notre cœur et surtout une nouvelle façon de penser et d'agir qui nous conduira réellement à l'expérience d'une vie paisible, joyeuse, stable et satisfaisante comme nous l'a promis le Seigneur Jésus.

Chapitre 2 :
MOI JE SUIS DE PAUL... ET MOI, JE SUIS D'APOLLOS

1 Corinthiens 1v11-12 : « *Car, mes frères, j'ai appris à votre sujet, par les gens de Chloé, qu'il y a des disputes au milieu de vous. Je veux dire que chacun de vous parle ainsi : Moi, je suis de Paul ! et moi, d'Apollos ! et moi, de Céphas ! et moi, de Christ !* »

Lors des voyages missionnaires de l'Apôtre Paul, il a été conduit par le Seigneur, à travers une vision, dans le pays de la Macédoine (***Actes 16v9***). Après le territoire de Philippes et plusieurs autres territoires dont Amphipolis, Apollonie, Thessalonique, Bérée, Athènes, l'Apôtre Paul s'est rendu dans la ville de Corinthe où il passa environ une année et demi (***Actes 18v1-11***). Ce fut avec beaucoup de résistance de la part des juifs de cette ville que Paul annonça l'évangile. Pendant cette période, l'Apôtre Paul, soutenu par le Seigneur, a bâti une communauté forte et nombreuse (*Actes 18v9-11*) sur laquelle il établit avant son départ des Pasteurs et des Évangélistes dont la fonction est de veiller à la croissance des membres.

Après son départ de Corinthe, il s'établit dans la ville d'Éphèse d'où il apprit des nouvelles peu réjouissantes provenant de l'Église de Corinthe. Divers désordres étaient apparus dans cette assemblée dont la première était la tendance à suivre l'Homme, plutôt que d'être unis en Jésus-Christ notre Seigneur. Cette même tendance se fait ressentir dans le corps du Christ aujourd'hui.

L'Esprit dira cette phrase à travers Paul : *1 Corinthiens 1v10 :* « *Je vous exhorte, frères, parle nom de notre Seigneur Jésus Christ, à tenir tous un même langage, et à ne point avoir de divisions parmi vous, mais à être parfaitement unis dans un même esprit et dans un même sentiment.* »

Tenir un même langage ne signifie pas utiliser les mêmes expressions, mais plutôt avoir un même Esprit et les mêmes sentiments les uns envers les autres. Cette union commençait à disparaitre ou avait déjà disparu au milieu des frères et sœurs de l'Église de Corinthe au point où chacun donnait plus de valeur à celui qu'il suivait. Cette situation créa un désordre qui dépassa les frontières de la ville de Corinthe.

Le Saint-Esprit interpelle l'Église de Corinthe

à travers son serviteur afin qu'elle remette Christ, l'auteur de notre salut, au centre de toutes choses. L'Esprit rappelle qu'il est libre de passer par qui IL veut pour faire ce qu'IL veut, mais qu'il a donné à chaque serviteur d'apporter un message spécifique pour la croissance du peuple. Tous ces hommes serviteurs sont donc tous des ouvriers au service de Christ.

1 Corinthiens 3v5 : « Qu'est-ce donc qu'Apollos, et qu'est-ce que Paul ? Des serviteurs, par le moyen desquels vous avez cru, selon que le Seigneur l'a donné à chacun. »

1 Corinthiens 3v9 : « Car nous sommes ouvriers avec Dieu. Vous êtes le champ de Dieu, l'édifice de Dieu. »

Nous devons donc écouter les serviteurs de Dieu distinctement, car chacun reçoit de la part de l'Esprit de Dieu un message spécifique pour le peuple. Chaque prédication doit être prise individuellement et de façon complémentaire à tout ce que nous avons entendu auparavant. Elle doit enrichir ce que nous avons connu jusqu'à présent. Avez-vous déjà écouté un message sur le pardon ou l'amour ? Oui, sûrement. Tout autre message sur ces mêmes sujets viendra pour vous enrichir. Si vous l'écoutez attentivement, vous y trouverez un point utile. Vous serez donc meilleur qu'auparavant. Mais, si vous le comparez à un enseignement précédent d'un serviteur de Dieu que vous admirez particulièrement, vous prenez le risque de ne pas voir la valeur du message que

Dieu vient de vous donner. Vous manquerez donc ce qu'IL avait prévu pour vous.

Pourquoi parlons-nous de cette portion de la Bible ? C'est parce que l'Homme a tendance à ne suivre qu'un seul courant d'idée qui le déséquilibre au fur et à mesure qu'il avance.

Si nous l'avons oublié, l'Esprit nous le rappelle aujourd'hui : Dieu nous veut prospères à **tous égards**. Tous ces enseignements qu'IL nous donne à travers distincts serviteurs n'ont qu'un but, celui de nous faire croître à tous égards. Dieu n'a jamais voulu, un seul instant, que vous soyez très prospères dans un domaine et que vous souffriez terriblement dans un autre (*Marc 8v36*). Or, si vous suivez un seul courant d'idée, vous prenez le risque d'être prospère et déséquilibré, car un seul Homme ne peut pas vous enseigner toutes choses avec le bon niveau de détails ou de précisions. Le Saint-Espritseul en a la charge et IL le fait à travers différentes personnes qu'il met sur votre chemin.

Ephésiens 4v11-12 : « Et il a donné les uns comme apôtres, les autres comme prophètes, les autres comme évangélistes, les autres comme pasteurs et docteurs, pour le <u>perfectionnement des saints</u>… »

Si vous recevez un message très édifiant de la part d'un homme de Dieu, un message qui répond vraiment à vos besoins, sachez qu'il y a encore à découvrir. Vous ne venez de comprendre qu'une portion et l'Esprit souhaiterait vous enseigner encore plus pour votre croissance dans sa parole et la connaissance de Jésus-Christ.

Vous avez peut-être déjà lu de bons livres sur un sujet semblable à celui-ci. Mais si vous ne le comparez pas à ces livres, peut-être une phrase ou un paragraphe vous donnera un nouvel enseignement qui vous rendra meilleurs. Toute la vérité se trouve dans la parole de Dieu, les livres n'en développent qu'une seule portion. Toute la vérité est enseignée par le Saint-Esprit, les Hommes n'en enseignent qu'une portion.

Le Saint-Esprit a révélé plusieurs vérités cachées à l'Apôtre Paul, qui a peut-être pensé un instant qu'il avait suffisamment de connaissances. Mais en s'approchant et en désirant plus de Jésus il a découvert que ce qu'il connaissait n'était qu'une petite portion de tout. Il dit dans sa première lettre aux **Corinthiens** au chapitre *13v9 : « Car nous connaissons en partie, et nous prophétisons en partie... »* et encore au *v12 :*
« ...aujourd'hui je connais en partie, mais alors je connaitrai comme j'ai été connu ». Si vous êtes humbles, vous apprendrez encore pour votre avantage. Mais si vous êtes orgueilleux, vous n'apprendrez rien de nouveau et même ce que vous pensez connaitre ne vous servira à rien, car Dieu résiste aux orgueilleux (***Proberbes 29v23***, ***Proberbes 11v2***).

Il y a encore beaucoup à apprendre et à expérimenter de notre Seigneur Jésus malgré ce que nous connaissons ou avons vu jusqu'aujourd'hui. C'est pourquoi vous ne devez ni comparer les serviteurs de Dieu ou les conférenciers, ni comparer les enseignements que vous recevez, mais plutôt en retenir les éléments complémentaires. Vous serez ainsi meilleurs et plus équilibrés. N'oubliez jamais ceci : **le message de Dieu est toujours dispensé en fonction du besoin du peuple et de ce que l'Esprit veut accomplir avec chacun en particulier.**

Toute la Bible a été écrite pour nous enseigner ce dont nous avons besoin dans tous les domaines afin d'être prospères. Ne méprisez donc pas un sujet au profit d'un autre, mais trouvez à chaque sujet sa place et son importance dans votre vie pour une croissance saine et modérée !

Si vous méprisez une parole, le diable l'ôtera de votre cœur et elle ne vous servira à rien (***Luc 8v5, 12***). Si la parole qui est semée dans votre cœur ne trouve pas de l'intérêt et de la foi, elle ne vous servira pas, comme nous l'a enseigné *Hébreux 4v2* :
« *Car cette **bonne nouvelle** nous a été annoncée **aussi bien qu'à eux** ; mais la parole qui leur fut annoncée ne leur servit de rien, parce qu'elle **ne trouva pas de la foi chez ceux qui l'entendirent*** ».
Ne méprisez donc pas une seule portion de la Bible ! Si vous ne la comprenez pas, demandez au Saint-Esprit qui vous enseignera pour votre édification et votre croissance. Ne méprisez pas un serviteur de Dieu, pas même un nouveau ou un moins riche, car ils sont tous au service de l'Esprit de Dieu pour votre bien.

Vous appartenez au Christ

Chaque chrétien sera membre d'une assemblée aussi longtemps qu'il sera sur cette terre. Personne ne pourra former une assemblée dont il sera le seul membre. Notre Seigneur Jésus nous a conseillé d'être unis comme Lui et le Père ont été toujours un. IL dit en *Jean 17v21 : « que tous soient un, <u>comme toi, Père, tu es en moi, et comme je suis en toi</u>, afin qu'eux aussi <u>soient un en nous</u>... ».* Notre Seigneur Jésus, en priant dans le jardin de Gethsémané, a insisté sur ce fait comme si c'était la première preuve de notre salut et notre appartenance à son royaume. IL dit en *Jean 17v20-23 : « Ce n'est pas pour eux seulement que je prie, mais encore pour ceux qui croiront en moi par leur parole, <u>afin que tous soient un</u>... pour que le monde croie que tu m'as envoyé ».*

C'est ainsi que l'église primitive a été unie dans l'amour de Christ. Le livre des Actes des apôtres nous en parle en *Actes 2v46-47 : « Ils étaient chaque jour <u>tous ensemble</u> assidus au temple... louant Dieu, et trouvant grâce auprès de tout le peuple. Et <u>le Seigneur ajoutait</u> chaque jour à l'Église ceux qui étaient sauvés ».*

Dans cette perspective, IL nous a donné ses serviteurs les Apôtres, les Prophètes, les Évangélistes, les Pasteurs et Docteurs afin de nous enseigner, nous édifier et nous éduquer pour notre perfectionnement dans la manifestation de la personne de Jésus-Christ (***Ephésiens 4v11***). Tous ces serviteurs ont chacun reçu leur ministère de l'Esprit de Christ.

Le Saint-Esprit est donc avec nous pour nous conduire dans toute la vérité afin de glorifier le Seigneur Jésus. IL ne va donc jamais **se contredire**. C'est une vérité fondamentale à laquelle nous ne devons jamais laisser l'ombre d'un doute. IL est l'auteur de la Bible, celui qui a inspiré et guidé les Apôtres, les Prophètes et les Rois pendant les temps de rédaction. Bien que la Bible ait été écrite par plusieurs auteurs dans des contextes différents et sur une période relativement longue, ses textes ne se contredisent aucunement. Tous les livres, chapitres et versets révèlent quelque chose sur la personne de Jésus, sa venue, son amour, sa souffrance, sa gloire, sa divinité, etc. Lorsqu'un verset semble en contredire un autre, cela signifie que nous le comprenons mal. Il y a peut-être le contexte qui nous manque ou la pensée globale du livre, du chapitre que nous n'arrivons pas à saisir. C'est là où la prière et les recherches sont essentielles et nous permettent de comprendre ce que l'Esprit a voulu dire. Cette vérité est fondamentale, **"le Saint-Esprit ne se contredit jamais"**.

Pourquoi insistons-nous sur ce fait ? C'est parce qu'aujourd'hui, dans le corps de Christ, nous assistons à des débats, des contradictions dans les enseignements sur les thèmes essentiels à la croissance du chrétien. Deux enseignements contradictoires sur une même thématique disent être reçus de l'Esprit de Dieu.

Le constat est que chaque fidèle se fie aux paroles de son leader et non à celles de la Bible. Nous voulons dire ceci : pour votre croissance parfaite dans le Seigneur, pour une vie équilibrée, ayez le Saint-Esprit comme un parfait allié. Si deux serviteurs de Dieu enseignent sur un même thème, mais disent des paroles qui semblent se contredire, prenez le temps de bien analyser. Il y a peut-être l'un de ces serviteurs ou même les deux, qui a mal exprimé sa pensée ou qui se trompe. Prenez donc ces deux paroles ou explications et mettez-les avec humilité devant le Saint-Esprit pour qu'il vous guide, par la prière, à garder la bonne explication. C'est important, car une seule parole fausse dans votre cœur peut empêcher une parole vraie de se manifester, parce que vous croyez en quelque chose qui la rend inactive et qui par conséquent vous déséquilibre.

N'acceptez pas un faux enseignement ou une fausse interprétation de la parole de Dieu dans votre cœur, car elle vous détruira. Approchez-vous de la parole de façon constante, confiez-vous au seigneur Jésus par le Saint-Esprit. Ayez foi qu'IL ne vous laissera pas ignorant, qu'IL vous enseignera. Lisez la Bible sous la direction du Saint-Esprit afin d'avoir une compréhension générale, précise et profonde pour ne pas être trompés par les pensées erronées des Hommes. Si vous ne lisez que les quelques versets que vous donne un prédicateur pour justifier sa pensée, vous serez probablement du même avisque lui. Une pensée doit être confirmée par toute la Bible et non par un seul verset ou un passage. Nous connaissons que Jésus-Christ est le sauveur du monde non à partir d'un seul verset ou d'un seul paragraphe, mais parce que toute la Bible le confirme. Une doctrine basée sur un seul verset peut conduire les Hommes à la dérive. C'est pourquoi lisez continuellement la parole de Dieu et permettez au Saint-Esprit de vous conduire dans toute la vérité. (***Jean 14v26, Jean 16v13***).

Soyez toujours humble pour soumettre au Saint-Esprit, à travers la lecture de la Bible, tout ce que les Hommes vous enseignent, comme le faisaient les chrétiens de Bérée (***Actes 17v11***), afin qu'aucune mauvaise semence semblable à de l'ivraie n'empêche la bonne parole semblable au blé de croître et de produire du fruit en vous. Comme le Seigneur Jésus nous l'a enseigné en ***Matthieu 13v24-30***, c'est pendant le temps de sommeil, le temps où nous pensons tout contrôler, tout connaitre, que l'ennemi vient et sème l'ivraie à notre insu.

Chaque jour, priez Dieu au nom de notre Seigneur Jésus-Christ en Lui présentant votre cœur et demandez-Lui de ne pas vous laisser croire en ce qui vous empêchera d'être un outil véritable entre ses mains. Si vous ne croyez pas à la guérison ou aux miracles de la résurrection des morts, comment l'Esprit vous utilisera-t-il dans ces domaines ? Vous pouvez vous-même répondre à cette question.

Nous sommes le temple de l'Esprit (***1 Corinthiens 6v19***), son lieu de résidence, donc nous lui appartenons. Nous sommes dans une communauté, mais nous lui appartenons. Vous avez votre pasteur qui vous prêche chaque jour, mais vous appartenez à l'Esprit de Dieu, c'est-à-dire à Christ. Alors, aussi puissante et influente que puisse être votre communauté, soyez humbles et ouverts dans votre lecture biblique afin que l'Esprit Saint puisse vous enseigner toute la vérité et corriger toutes les mauvaises conceptions que vous pourriez avoir.

Le peuple de Dieu doit se tenir les mains dans les mains pour s'approcher de la parole de Dieu avec humilité et union. Nous avons un seul Esprit et un seul Seigneur, Jésus-Christ, qui nous veut tous prospères. Pourquoi donc nous donnera-t-il des visions ou explications contradictoires de la Bible ? Nous sommes de l'Esprit, nous sommes le temple de l'Esprit, nous sommes sa propriété privée et nous n'appartenons à personne d'autre.

1 Corinthiens 3v16 : « Ne savez-vous pas que vous êtes le temple de Dieu, et que l'Esprit de Dieu habite en vous ? »

1 Corinthiens 6v19 : « Ne savez-vous pas que votre corps est le temple du Saint-Esprit qui est en vous, que vous avez reçu de Dieu, et que vous ne vous appartenez point vous-mêmes ? »

Certaines personnes ont reçu un enseignement stipulant que la richesse les conduira au péché et à la mort. Elles y ont cru dans leur cœur. Maintenant, elles désirent être riches, elles désirent croire en l'aide du

Saint-Esprit pour une abondance financière, mais le précédent enseignement sur la richesse constitue un frein et elles en souffrent réellement. Dans la même veine, il a été enseigné à d'autres personnes que certaines maladies viennent de Dieu. Elles y ont également cru dans leur âme. Ainsi, lorsqu'elles sont malades elles entendent constamment deux voix en leur for intérieur. Une des voix leur demande de prier et croire en leur guérison, tandis que la seconde voix leur dit que cette maladie vient peut-être de Dieu et que leur temps de guérison n'est pas encore arrivé. Elles en souffrent également.

Retenons que nous sommes les enfants de Dieu et il désire nous faire voir plus haut et plus loin selon sa sagesse. Toute la Bible est utile à notre croissance. Nous ne devrions pas considérer un sujet plus important qu'un autre au point de mépriser la parole de Dieu révélée dans un domaine de votre vie. Dieu veut que nous soyons prospères à tous égards, donc équilibrés comme a été son Fils qui a vécu dans la plénitude du Père. Chaque prédication ou livre peut nous enseigner quelque chose de plus si nous l'écoutons ou le lisons avec concentration et humilité. Le Saint-Esprit est notre enseignant principal et désire nous conduire à connaître et à manifester Jésus en toutes choses. De la même manière que vous aspirez à vivre la plénitude de Dieu dans les finances, aspirez de même à vivre cette plénitude dans le domaine spirituel (les dons spirituels, la puissance, l'autorité) et dans vos relations avec votre prochain.

Chapitre 3 :
DES HOMMES ET DES FEMMES CONSACRÉS

Aujourd'hui, tous les différents types de métiers deviennent de plus en plus exigeants. Chaque spécialité veut prouver sa nécessité et sa valeur en produisant plus et même souvent plus que nécessaire. La publicité quant à elle change de forme, elle présente les valeurs. Chaque marque, chaque entreprise présente ses valeurs comme si elles étaient au centre de tout.

Pour maintenir ce standard, un travail sans relâche en arrière-plan s'impose. Le bien-être des employés est souvent relégué au second plan. À tout cela s'ajoutent la compétition, la quête sans merci de la première place. Cette situation produit donc des directeurs plus stressés, des commerciaux angoissés qui doivent à tout prix atteindre des objectifs annuels grandissants. De l'autre côté, il y a les ingénieurs qui ne comptent plus leurs heures de travail, car une version améliorée des produits existants, un nouveau produit pour un nouveau marché sont devenus des indicateurs de performance annuels à respecter obligatoirement.

Le confort de l'Homme dans toutes ces choses est de plus en plus piétiné. Certaines entreprises de nos jours proposent des salaires inimaginables, des bonus à couper le souffle à leurs directeurs ou PDG, mais au prix d'un environnement de travail très exigeant et souvent oppressant. Un tel environnement conduit l'être humain à un développement incomplet et inconfortable.

Or, ce que Dieu désire pour ses enfants, c'est que nous soyons équilibrés et prospères à tous égards, c'est-à-dire spirituellement, dans nos relations et au niveau financier ou matériel. Voici donc la raison de notre consécration : être équilibrés afin qu'en nous il n'y ait aucun obstacle à l'action de l'Esprit de Jésus.

Nous définissons la consécration comme étant un abandon total, l'offrande de notre esprit, notre âme et notre corps afin de faire tout ce que le Seigneur attend de nous. C'est se donner totalement, sans réserve, pour atteindre l'objectif de l'autre. Prenons l'exemple d'un époux consacré à son épouse. Cela ne signifie pas rester constamment à la maison proche de son épouse. Mais un époux consacré est un époux qui décide de faire tout ce qui plaira à son épouse. C'est un époux engagé à tout faire pour rendre son épouse heureuse.

Nous dirons donc qu'être consacré à son Maître et être au service de son Maître sont deux expressions différentes. Le service peut s'arrêter à la disponibilité que nous témoignons à notre Maître alors que la consécration est notre désir personnel, notre volonté à trouver notre joie à vivre pour le Maître.

Notre consécration à Dieu revient donc à faire tout ce qu'IL attend de nous. Notre joie est grande quand Sa gloire est révélée, quand Son nom est glorifié. Par conséquent, si nous sommes totalement consacrés à Dieu, nous devons connaitre ce qu'IL attend de nous dans tous les aspects de notre vie, et vivre heureux en accomplissant ces choses. De cette attitude naîtra notre équilibre.

Le Saint-Esprit nous exhorte à nous consacrer à Dieu, à nous abandonner totalement à Lui, ce qui serait un acte raisonnable de notre part. Dieu a pour nous de grands projets afin de nous rendre heureux et nous donner sa paix. Nous donner esprit, âme et corps à notre Créateur serait l'acte le plus raisonnable et intelligent de notre part, parce qu'IL sait ce qu'il y a de mieux pour nous.

Romains 12v1 : « Je vous exhorte donc, frères, par les compassions de Dieu, à offrir vos corps comme un sacrifice vivant, saint, agréable à Dieu, ce qui sera de votre part un culte raisonnable. »

L'Esprit nous exhorte : « *... par les compassions de Dieu* » comme s'adressant à des personnes qui ne savent pas ce qui est bien pour elles. C'est pourtant la vérité, car depuis la corruption de la race humaine par le péché originel, l'Homme n'a cessé, dans la recherche de son bien-être, de se détruire pour combler le vide à l'intérieur de lui. L'Esprit dit dans les Actes des Apôtres que, bien que Dieu, dans son amour immense pour l'Homme, n'ait jamais été loin de lui, l'Homme n'a cessé de tâtonner dans tous les sens à la recherche de Dieu. Malgré tous ses efforts, l'Homme s'est avéré incapable de trouver Dieu par lui-même. Maintenant que Dieu s'est révélé à nous au travers de son Fils Jésus-Christ, qui est le reflet de sa gloire et l'empreinte de sa Personne (***Hebreux 1v1-3***), nous avons donc tout intérêt à nous abandonner totalement au Fils afin d'avoir cette vie épanouie et joyeuse à laquelle nous aspirons.

Actes 17v27-28 : « Il a voulu qu'ils cherchassent le Seigneur, et qu'ils s'efforçassent de le trouver <u>en tâtonnant, bien qu'il ne soit pas loin de chacun de nous</u>, car en lui nous avons la vie, le mouvement, et l'être. »

S'il est raisonnable de notre part de nous consacrer à Dieu, comprenons qu'IL attend de nous un engagement total. Dans ces derniers temps, Dieu recherche particulièrement des hommes et des femmes qui Lui consacreront toute leur vie, qui s'engagent à Lui rendre honneur dans tout ce qu'IL leur demandera de faire sans restriction. Se consacrer à Dieu, ce n'est pas vivre pleinement sa volonté dans un domaine de votre vie et faire la vôtre dans un autre.

Lorsque nous parlons de consécration, nous pensons généralement à la sanctification ce qui est bien, car c'est la première condition pour être membre de la famille de Dieu. Cependant, la consécration ne se limite pas à cette étape. La consécration que l'Esprit de Dieu recherche est bien au-delà de la sanctification, elle concerne tous les aspects de notre vie. Nous devons vivre comme Jésus a vécu, être soumis dans tous les aspects de notre vie. Nous savons que notre Seigneur Jésus n'a jamais rien fait sans l'accord de son Père, ni fait quelque chose qui n'est pas agréable à Celui qui L'a envoyé. Jésus dit : ***Jean 8v29 : « Celui qui m'a envoyé est avec moi ; il ne m'a pas laissé seul, parce que <u>je fais toujours ce qui lui est agréable</u>. »***

Notre vie de consécration devra donc nous entrainer à rechercher les exigences de Dieu afin de toujours faire tout ce qui Lui est agréable.

Le Seigneur attend de nous par exemple que nous guérissions les malades, que nous chassions les démons dans un Homme ou sur un territoire. IL attend de nous que nous prenions soin de notre prochain, que nous pardonnions toujours, que nous soyons doux, calmes, humbles, compatissants, etc. IL attend de nous que nous nourrissions les pauvres, que nous produisions de la richesse. IL attend de nous que nous développions notre pays et priions pour nos dirigeants. IL attend de nous que nous éduquions nos enfants selon Ses voies et Son plan pour notre pays… Sommes-nous capables de faire ces choses ? Si non, est-ce le Saint-Esprit qui refuse de nous donner ces capacités ou sommes-nous ceux qui ne l'ont pas cherché avec ardeur ? Notre vie de consécration à Dieu doit nous conduire à constamment nous poser cette question : suis-je en train de faire ce que mon Seigneur attend de moi ? La bonne réponse à cette question viendra du Saint-Esprit qui réside en vous. Car lui seul connait les plans de Dieu pour vous et votre environnement.

Notons que Dieu a fait sa part. IL nous a bénis de toutes les bénédictions spirituelles dans les lieux célestes en Jésus-Christ (***Ephésiens 1v3***). IL a béni l'œuvre de nos mains, tout ce que nous entreprenons (***Deutéronome 28v1-14***). IL a béni nos entrailles pour être féconds à l'infini (***Genèse 17v6***). IL a pris toutes les malédictions qui pouvaient nous ralentir dans notre marche avec Lui (***Galates 3v13***). Son Esprit Saint vit perpétuellement en nous, afin de produire en nous les capacités et la force de Dieu et nous guider selon ses voies (***Galates 5v22, 1 Corinthiens 6v19***), etc.

Genèse 17v6 : « Je te rendrai fécond à l'infini, je ferai de toi des nations ; et des rois sortiront de toi. »

Galates 3v13-14 : « Christ nous a rachetés de la malédiction de la loi, étant devenu malédiction pour nous... »

Galates 5v22 : « Mais le fruit de l'Esprit, c'est l'amour, la joie, la paix, la patience, la bonté, la bénignité, la fidélité, la douceur, la tempérance... »

1 Corinthiens 6v19 : « Ne savez-vous pas que votre corps est le temple du Saint-Esprit qui est en vous ? »

Le Seigneur a tout établi pour que nous soyons prospères à tous égards. La question est maintenant de savoir pourquoi nous n'arrivons pas à l'être. Pourquoi mourrons-nous malades alors qu'IL a pourvu la guérison à la croix ? Pourquoi les œuvres de nos mains ne sont-elles pas toujours bénies alors que sa parole est toujours vraie ? Pourquoi mourrons-nous stériles alors que nos entrailles sont bénies ? Pourquoi nos enfants n'arrivent-ils pas toujours à continuer la vision que Dieu nous a donnée ? La réponse est que nous ne sommes pas réellement déterminés à glorifier Dieu dans tous les domaines de notre vie. Nous ne cherchons pas suffisamment la connaissance de Dieu pour vivre selon sa gloire. Nous ne sommes pas affectés, touchés, transpercés lorsque Dieu n'est pas glorifié.

Si nous étions affectés, nous aurions tous cherché à savoir comment entendre la voix de Dieu, comment recevoir une direction de Lui, comment connaitre et vivre selon sa volonté. Nous serions tous à la recherche de la manifestation glorieuse et puissante de Dieu dans notre pays, notre ville, notre quartier et notre maison. Mais la soif nous manque réellement. Cette vie que nous menons nous plaît, que Dieu soit glorifié ou pas.

L'apôtre Paul priait sans cesse pour les chrétiens de Colosse afin qu'ils soient remplis de la connaissance de la volonté de Dieu en toute sagesse et intelligence spirituelle, pour marcher d'une manière digne du Seigneur et lui être entièrement agréables (*Colossiens 1v 9-11*). Aussi longtemps que vous ne connaissez pas la volonté parfaite de Dieu dans les domaines clés de votre vie, vous ne savez pas si Dieu est glorifié ou pas.

Imaginons un instant

Imaginez un instant si toute une église était profondément attristée lorsqu'un de ses membres mourrait brusquement à cause d'une maladie. Cette église serait attristée parce que notre Seigneur Jésus a dit : « ***Allez, ... Guérissez les malades, ressuscitez les morts, purifiez les lépreux, chassez les démons...*** » *Matthieu 10v7-8*, mais qu'ils n'ont pas été capables de le faire, ils ont laissé leur frère ou sœur mourir avant son temps. À cause de cette tristesse profonde, tous se mettront à prier pour chercher la puissance et les dons de Dieu afin de ne plus vivre un cas semblable dans leur communauté.

Malheureusement, la tristesse de Dieu ne nous remplit pas, car comme on le dit souvent : *"Tout est de sa volonté, que pourrons-nous changer ?"*. Pourtant, sa parole nous révèle sa vraie volonté pour ses enfants. Cette volonté est que nous soyons réconciliés avec Lui par Jésus-Christ, pour vivre sans manquer du nécessaire et être rassasiés de jours (***Zacharie 8v4***), loin de la maladie qui conduit à la mort, loin de la stérilité (***Zacharie 8v5***), etc.

Notre erreur est que nous nous focalisons sur un ou quelques aspects de ce que Dieu nous demande et essayons de faire notre mieux dans le reste. Nous pensons à tort que nos forces nous aideront à y parvenir sans jamais réellement laisser l'Esprit de Dieu agir en nous. Nous manquons de connaissance, mais nous refusons d'apprendre. Cette attitude d'orgueil nous déséquilibre au fur et à mesure que nous avançons. L'orgueil nous empêche d'apprendre davantage pour notre croissance. L'orgueil nous empêche de prier sans cesse jusqu'à voir Jésus être glorifié. Connaitre davantage dans un domaine ne nous empêche pas d'apprendre dans un autre.

Un jour de retour du bureau, j'ai eu l'envie de me retirer dans l'église des Assemblées de Dieu laplus proche pour prier avant de rentrer chez moi. C'était le temple de Cocody-Centre. J'ai informé mon épouse que je rentrerai un peu plus tard que d'habitude. Je me sentais un peu triste lorsque je commençais la prière. À peine ai-je commencé que l'Esprit me reprochât notre paresse et notre négligence dans notre analyse des situations que nous vivons ou que nous voyons. L'Esprit reprocha à l'Église le nombre de frères et sœurs que nous avons laissé mourir de façon prématurée. Ce sont des jeunes qui sont partis sans jamais savoir et avoir accompli la mission pour laquelle ils avaient été envoyés sur terre, parce qu'aucun membre de leur communauté ne croyait en la puissance de la résurrection. IL me disait encore combien parmi vous souffrent depuis longtemps d'un mal parce que peu croient réellement en la puissance de la guérison. J'ai versé des larmes en demandant pardon au Seigneur pour notre négligence. J'ai compris combien de fois notre croissance n'était pas à tous égards et que notre être intérieur n'était pas affecté quand Dieu n'était pas glorifié. J'ai réalisé que nous étions négligents dans certains domaines de notre vie quand Dieu nous attendait sur tous les points. C'est alors qu'est né le désir d'écrire ce livre pour pousser chacun de nous à être exigeant dans tous les aspects de sa vie pour accomplir sa mission selon le cœur de Dieu.

Nous devons être exigeants

Dieu désire que nous soyons exigeants envers nous-même afin de trouver un équilibre dans notre vie et être réellement heureux. Cet équilibre nécessitera chez chaque enfant de Dieu un travail assidu. Nous devons par exemple être plus exigeants sur notre croissance spirituelle sinon la croissance financière prendra le dessus et vice-versa. Nous devons être plus exigeants envers nous-même dans nos relations avec les autres sinon l'orgueil, l'égoïsme prendront le dessus. Chaque domaine doit nécessiter une attention particulière de notre part sinon nous manquerons la volonté de Dieu.

Cette consécration que le Père attend de nous est une consécration totale. Notre Dieu n'est pas satisfait de nous lorsque nous avons sa bénédiction financière, mais que nous mourrons d'un cancer pendant que sa puissance divine de guérison est disponible et à notre portée. IL n'est pas du tout satisfait lorsque nous sommes capables de guérir par notre foi plusieurs malades, mais que notre famille manque du nécessaire pour avoir une vie sobre et épanouie à cause de notre négligence du domaine financier. IL n'est pas satisfait de nous lorsque nous croissons spirituellement et financièrement, mais que personne ne peut s'approcher de nous à cause de notre manque de tendresse, de douceur, de savoir-vivre, de notre arrogance, de notre méchanceté, etc.

Posons-nous donc la question suivante : comment pourrons-nous vivre équilibrés et heureux si notre Créateur n'est pas satisfait de nous ?

Si tu souhaites vivre une vie consacrée pour ton Seigneur Jésus-Christ, alors :

- **Travaille esprit, âme et corps** pour ta croissance spirituelle, ta relation avec ton Seigneur, la recherche des dons spirituels pour son œuvre, la propagation de l'évangile, le salut des âmes, la recherche constante de sa volonté, de ses plans, etc.

- Travaille esprit, âme et corps pour ta croissance dans le fruit de l'Esprit, la bonne relation avec ton épouse ou ton époux et tes enfants, la conservation de tes amitiés, la valorisationde tes amis, la bonne relation avec tes frères et sœurs autour de toi, pour l'amour de ton prochain, etc.

- Travaille esprit, âme et corps pour ta croissance financière et matérielle, la satisfaction des besoins de ta famille, de ton pays, l'épanouissement de tes enfants, l'œuvre de Dieu dans ta communauté, ton pasteuret les missionnaires, venir en aide aux plus pauvres, etc.

Lorsque les choses ne sont pas en ordre dans l'un de ces domaines de votre vie, vous risquez de vivre des frustrations et perdre ainsi votre paix ouvotre tranquillité.

« Pour l'amour de Sion je ne me tairai point, Pour l'amour de Jérusalem je ne prendrai point de repos, Jusqu'à ce que son salut paraisse, comme l'aurore, Et sa délivrance, comme un flambeau qui s'allume. » Esaïe 62v1.

Chapitre 4 :
LA CROISSANCE À TOUS ÉGARDS

Jean 14v27 : « Je vous laisse la paix, je vous donne ma paix. Je ne vous donne pas comme le monde donne. Que votre cœur ne se trouble point, et ne s'alarme point. »

Nous donner Sa **paix** est l'un des désirs essentiels qui ont conduit le Seigneur Jésus à donner sa vie à la croix. Quand nous devenons son enfant, notre Père céleste souhaite de tout cœur que nous baignions dans la paix que donne son Fils et la communion de son Saint-Esprit.

Nous déshonorons profondément notre Père lorsqu'étant ses enfants, nous sommes vaincus par les sentiments de peur, d'anxiété, et surtout de crainte pour notre lendemain. C'est pourquoi il dit dans sa parole, en *Matthieu 6v31* et *34* : *« [31] Ne vous inquiétez donc point… [34] Ne vous inquiétez donc*

pas du lendemain ; car le lendemain aura soinde lui-même... ». IL désire que notre relation avec Lui soit fondée sur la confiance en sa personne, sa puissance et sa parole. Par sa parole révélée, la Bible, IL voudrait que nous le connaissions sous toutes ses facettes, que nous apprenions ses principes afin de nous inculquer la mentalité du royaume pour une vie paisible sur terre. Sans doute, connaitre Dieu au travers de sa parole et aussi par la prière sont les moyens les plus efficaces.

À travers sa parole, le Saint-Esprit souhaite développer en nous des aptitudes spécifiques qui feront de nous des hommes et des femmes agissant pour la gloire du Seigneur Jésus sur la terre. Dans toute la Bible, l'Esprit ne cesse de nous prouver l'importance et la nécessité d'une croissance spirituelle, d'une bonne relation avec son prochainet aussi de la liberté matérielle et financière.

Tout au long de l'histoire de l'Église, consciemment ou inconsciemment, plusieurs fidèles n'ont focalisé leur attention que sur l'un des domaines suivants : spirituel, relationnel ou financier. Pour un premier groupe, atteindre un très haut niveau spirituellement était leur seul objectif. Pour le second groupe, glorifier Dieu dans leurs finances occupait toute leur attention, négligeant ainsi les autres demandes du Seigneur. Un troisième groupe qu'on ne saurait classer est toujours resté effacé sans jamais rien faire. Prier pour les malades, financer l'évangile ou prendre soin de son prochain n'a jamais été un sujet essentiel pour eux.

Ces trois groupes de personnes ont toujours cohabité dans l'église, chacun justifiant sa position par des versets bibliques. De génération en génération, nous avons connu plusieurs chrétiens vivant une vie déséquilibrée et douloureuse. C'est pourquoi certains ont catégoriquement affirmé que la paix que Jésus a promise est celle que nous vivrons dans le ciel avec lui et non sur la terre. Nous nous posons donc cette question : Le Seigneur Jésus qui a été fait semblable à nous, a-t-il été malheureux, déséquilibré étant sur la terre ? Si non, pourquoi nous est-il si difficile de vivre cette même paix sachant que le Seigneur a dit : **« *Je vous laisse la paix, je vous donne ma paix* » Jean 14v27 ?**

Croître à tous égards comme notre Seigneur Jésus, nécessite que nous appréhendions et discernions les choses selon sa perception. En des termes plus simples, cela signifie vivre comme lui et avoir la même mentalité que lui. Le Seigneur n'a pas hésité un instant à nous enseigner tout ce qu'il a appris du Père, sans rien garder, afin que rien ne nous empêche d'être réellement à son image. Il dit en ***Jean 15v15 :*** **« *... je vous ai appelés amis, parce que je vous ai fait connaitre tout ce que j'ai appris de mon Père.* »**

Christ sait que plusieurs de ses paroles et actions seront difficiles à comprendre et à imiter pour un esprit faible comme le nôtre. Son Esprit demeure donc en nous pour nous assister, nous enseigner et nous expliquer ce qui nous semble difficile à comprendre. Il est à l'origine de nos désirs et notre force pour agir et vivre comme Christ.

Jean 16v12 : « J'ai encore beaucoup de choses à vous dire, <u>mais vous ne pouvez pas les porter</u> maintenant. »

Jean 16v13 : « Quand le consolateur sera venu, l'Esprit de vérité, il vous conduira <u>dans toute la vérité</u>… ».

Le Saint-Esprit est donc notre seule aide, notre seule option pour connaitre comme Jésus a connu et pour vivre comme IL a vécu.

Nous traverserons des temps de frustration dans notre vie chrétienne, que nous le voulions ou pas, aussi longtemps que nous aurons une mentalité différente de celle de notre Seigneur Jésus. Nous nous exposons aux aléas de la vie lorsqu'il n'y a pas d'équilibre entre notre vie spirituelle, relationnelle et financière.

Le manque de moyens financiers dans la vie de quelqu'un de très spirituel conduit à une vie stressante, car les besoins de famille sont quotidiens et n'attendent pas. La vie devient pesante pour cette personne. On a l'impression qu'il y a toujours un problème à résoudre, un problème pour lequel il faut prier ou jeûner et s'attendre à une réponse rapide de Dieu. Même si certaines de nos prières trouvent réponse à temps, une telle vie est loin de ce qu'a promis Jésus pour ses enfants.

De l'autre côté, vivre dans l'abondance financière et manquer d'une bonne relation avec Dieu, c'est exposer sa famille aux attaques du diable sans aucune capacité de les stopper. Une maladie incurable ou certains états de folie ne peuvent être résolus que par le spirituel. Plusieurs familles dites riches ont été ainsi déchirées sans aucun remède. L'un des parents atteint d'une maladie incurable est décédé plus tôt sans que personne ne puisse intervenir. L'histoire de Marthe, Marie et leur frère Lazare (***Jean 11***) nous atteste que si Jésus n'est pas présent dans une maison, une situation sans aucun remède pourrait l'atteindre et l'affaiblir.

Comprenons qu'aussi longtemps que notre croissance sera différente de celle de notre Seigneur Jésus, nous aurons du mal à vivre sa vie. Il nous sera difficile dans ce cas de vivre comme des vrais rachetés, des bien-aimés du Père. Nous serons tantôt des vainqueurs et tantôt des perdants dans un combat déjà remporté à la croix.

Comment le Père pourvoyait-il aux besoins de son fils Jésus ? Quelle était la nature de leur relation ? Si nous n'avons pas la compréhension exacte de leur relation, TOUS nos besoins ne seront jamais comblés par notre Père dans les cieux, car il faut une même relation pour avoir des privilèges identiques. Enfin, si nous ne comprenons pas comment Jésus aimait les hommes et d'où lui provenait cette force pour aimer ainsi, nous ne serons jamais capables d'aimer notre semblable comme lui. La chair et ses sentiments d'orgueil, de colère, de jalousie, de rancune, de tristesse, etc. seront souvent notre partage.

Nous avons sa parole, la Bible, afin de connaitre son Fils, les privilèges et les exigences de cette nouvelle créature que nous sommes devenus à la nouvelle naissance (*2 Corinthiens 5v17*). Nous commettons donc une grande erreur en refusant de nous approcher constamment de sa parole pour apprendre et continuer de croître, car une connaissance partielle de sa parole nous privera de la vie qui nous a été destinée. Nous avons été tous élus avant la fondation du monde pour vivre une vie irrépréhensible devant Lui comme ses enfants d'adoption en Jésus-Christ (*Ephésiens 1v4-5*).

La Bible, révélée par le Saint-Esprit, est complète. Chaque verset, chaque histoire, chaque parabole nous révèle soit quelque chose sur Jésus, soit sur notre nouvelle nature en Lui ou ce que nous avons en Lui. Nous ne pouvons pas expérimenter la parole de Dieu sans l'avoir comprise avant. Le Saint-Esprit nous révélera ces choses plus profondément si nous gardons nos regards fixés sur la parole.

Jésus, s'adressant à ses deux disciples sur le chemin d'Emmaüs, dit : « *O hommes sans intelligence, et dont <u>le cœur est lent à croire</u> tout ce qu'ont dit les prophètes ! ... Et, commençant par Moïse et par tous les prophètes, il leur expliqua dans <u>toutes les Écritures</u> ce qui le concernait.* » *Luc 24v15-27.*

Dans la chambre haute *il leur dit : C'est là ce que je vous disais lorsque j'étais encore avec vous, qu'il fallait que s'accomplît <u>tout ce qui est écrit de moi</u> dans <u>la loi de Moïse</u>, <u>dans les prophètes</u>, et <u>dans les psaumes</u>. Luc 24v44*

L'Esprit le confirme une fois de plus à travers Paul dans *2 Timothée 3v16-17* : « *<u>Toute Écriture</u> est inspirée de Dieu, et utile pour enseigner, pour convaincre, pour corriger, pour instruire dans la justice, afin que <u>l'homme de Dieu soit accompli</u> et propre à toute bonne œuvre* ». ''*L'homme de Dieu*'' peut être aussi remplacé par l'enfant de Dieu.

IL y a un très grand avantage à s'approcher constamment de la parole sans jamais s'en lasser, car autant nous connaissons Jésus, autant l'Esprit le manifeste en nous. Ce que nous ne connaissons pas ou ne comprenons pas de la parole nous ne le manifesterons jamais.

La parabole du Semeur

Un jour, une grande foule s'est rassemblée auprès de Jésus pour l'entendre prêcher. Cette foule rassemblait des personnes de la ville, du village donc certainement de niveaux de vie différents. Jésus leur raconta cette parabole :

« Un semeur sortit pour semer sa semence. Comme il semait, une partie de la semence tomba le long du chemin : elle fut foulée aux pieds, et les oiseaux du ciel la mangèrent... » (Luc 8v5)

Considérons cette première partie de la parabole. Jésus l'explique à ses disciples et leur dit ceci :

« Voici ce que signifie cette parabole : <u>La semence, c'est la parole de Dieu.</u> Ceux qui sont le long du chemin, ce sont ceux qui entendent ; puis le diable vient, et enlève de leur cœur la parole, <u>de peur qu'ils ne croient et soient sauvés.</u> » (Luc 8v11-12)

Jésus explique que la parole qu'ils ont entendue est comme une graine semée dans leur cœur. Mais quelques instants après, *le diable vient et enlève de leur cœur la Parole...* Mais comment le diable a-t-il accès à une parole divine semée directement dans le cœur d'un homme ? C'est une bonne question à se poser. C'est parce que, comme le dit Jésus dans la parabole, la parole qu'ils ont reçue *fut foulée aux pieds...*

Que signifie cette expression **"fouler aux pieds"** ? Selon le dictionnaire, elle signifie : *mépriser assez violemment quelque chose.*

Exemple : En commettant des actes criminels, il a foulé aux pieds les lois de notre pays.

Le diable a donc accès à la parole de Dieu semée dans votre cœur lorsque premièrement vous la méprisez. Malheureusement, c'est l'attitude de plusieurs chrétiens aujourd'hui. Nous n'accordons aucun intérêt particulier aux enseignements qui nous sont donnés surtout lorsqu'il s'agit d'un domaine auquel nous ne donnons aucun crédit. Comme résultat, notre vie n'a aucun lien avec ce qui est écrit dans la parole de Dieu. Nous désirons croître à tous égards, mais notre attitude nous retient dans un statu quo, car personne ne peut jouir de la puissance d'une parole dans sa vie quand le diable l'a retirée. Pensez-y, comment pourriez-vous bénéficier de la provision, la guérison et l'amour Divin si vous les méprisez ?

L'Esprit de Dieu est l'auteur de la Parole, la Bible. Tout y est pour un but. Même si elle est enseignée par un homme ou une femme que vous n'appréciez pas, écoutez-la attentivement. Ne méprisez rien venant de la Parole, afin que vous viviez pleinement la vie que Jésus a réservée pour vous.

Jésus termine en disant : *le diable vient et enlève de leur cœur la parole, de peur qu'ils ne <u>croient</u> et soient <u>sauvés</u>.*

...Le diable vient, et enlève de leur cœur la parole, de peur qu'ils ne <u>croient</u> (du mot latin *Psitueo* qui signifie placer sa confiance, donner du crédit...) *et soient <u>sauvés</u>* (du latin *Sozo* qui signifie garder sain et sauf, délivrer du danger ou de la destruction, guérir...).

Acceptons entièrement la Parole

Dieu désire pour chacun de ses enfants une croissance totale dans tous les domaines. Son désir est que tu considères chaque partie de la parole avec le même niveau d'importance. IL dit dans le livre de **2 Timothée 3v16-17 : « Toute Écriture est <u>inspirée</u> de Dieu, et <u>utile</u>…, afin que l'homme… soit accompli… ».** Toute la Bible est utile pour ta croissance à tous égards. Mépriser une seule partie, c'est réduire tes capacités à croître dans un domaine utile de ta vie. Croître dans le spirituel est utile pour combattre le diable, ses accusations et ses attaques. Aimer comme Jésus a aimé est utile pour une paix véritable dans votre cœur. Avoir un équilibre financier est utile pour pourvoir aisément aux besoins de votre famille et votre communauté. Ne laissez aucune opportunité au diable de vous arracher ce qui vous revient de droit. Vous subirez les conséquences de votre ignorance au temps marqué si vous donnez au diable une seule porte d'entrée.

Vous serez en bonne santé lorsque vous croîtrez à tous égards comme notre Seigneur Jésus. Tout Homme, qu'il le veuille ou pas tire toutes ses bonnes réactions et attitudes de son bon trésor, de son cœur nous dit la Bible (***Matthieu 12v35***). Tout Homme méchant tire aussi ses actions de son mauvais trésor. Votre cœur est la source de votre vie, c'est de lui que proviennent vos choix et votre direction. Gardez votre cœur toujours honnête et bon. Ainsi, toutes les paroles de Dieu qui y seront semées trouveront de l'espace pour grandir.

Proverbes 4v23 : « Par-dessus tout : veille soigneusement sur ton cœur, car il est à la source de tout ce qui fait ta vie. » (Version *Bible des Semeurs*)

Chapitre 5 :
VOUS DEVEZ AVOIR UNE EXPÉRIENCE PERSONNELLE DE JÉSUS-CHRIST

Dans l'évangile selon Marc, le Saint-Esprit relate une histoire qui a attiré notre attention. L'histoire nous parle de notre marche avec Jésus. C'est un moment d'échange entre les disciples et le Seigneur. L'un d'eux, l'apôtre Jean, lui dit : *« **Maître, nous avons vu un homme qui chasse des démons en ton nom ; et nous l'en avons empêché, parce qu'il ne nous suit pas », Marc 9v38.*** Marquons une pause ! Qui est cet homme ? Où a-t-il appris à faire cela ? Où et pendant combien de temps a-t-il entendu et connu le Seigneur Jésus ? Que disait-il aux malades au sujet de Jésus avant de prier pour eux ? Où a-t-il appris que, qui que tu sois, si tu crois et pries au nom du Seigneur Jésus, les démons seront chassés et les malades seront guéris ?

Nous savons du moins que le ministère de notre Seigneur Jésus a duré environ trois ans et demi. Selon l'évangile de Marc, le Seigneur Jésus n'a pas été crucifié juste après ce moment d'échange. Sa mort a eu lieu environ un an et demi après cet échange. Cela signifie qu'en moins de deux années, cet homme a entendu parler de Jésus, a écouté Jésus, l'a étudié et a appris à le connaitre pour ensuite enseigner, chasser les démons et guérir les malades en son nom.

Pourquoi n'a-t-il pas fait comme les autres ? C'est-à-dire appeler les disciples pour prier pour les malades qu'il rencontrait ? Dans la marche chrétienne, il est important pour un enfant de Dieu de vivre sa propre expérience avec Jésus avant que viennent les moments difficiles.

Dans son enseignement sur la montagne, communément appelé *le sermon sur la montagne*, Jésus enseigne plusieurs vérités importantes pour notre marche chrétienne. À la fin de son enseignement, IL termine par un dernier conseil vital pour l'enfant de Dieu. Il dit en **Matthieu 7v24-25 :**
« *²⁴ C'est pourquoi, quiconque <u>entend ces paroles</u> que <u>je dis</u> et les <u>met en pratique</u>, sera semblable à un <u>homme prudent</u> qui a <u>bâti sa maison</u> sur <u>le roc</u>. ²⁵ La pluie est tombée, les torrents sont venus, les vents ont soufflé et se sont jetés contre cette maison : elle n'est point tombée, <u>parce qu'elle était fondée sur le roc</u>.* ».

Bâtir sa maison sur le roc c'est donc, selon Jésus,

entendre sa parole, croire en cette parole et la mettre en pratique. C'est différent de seulement entendre la parole et croire. Jésus dit que les torrents se sont jetés sur la maison, mais elle n'est point tombée parce qu'elle était bâtie sur le roc. En disant cela, le Seigneur veut attirer notre attention sur le fait que **la maison qui a tenu contre les intempéries a été bâtie avant que ces tourments n'arrivent à son niveau.**

Personne ne peut bâtir pendant la tornade, car il est très difficile de le faire. Même si vous avez un roc solide sur lequel bâtir, il vous est avantageux de bâtir paisiblement votre maison avant que viennent les pluies et les grands vents.

C'est pourquoi le Seigneur Jésus nous exhorte à être des hommes et des femmes prudent(e)s, à nous construire pendant que nous entendons sa parole, car les moments difficiles arriveront. L'Esprit nous exhorte, à travers l'apôtre Jacques, à mettre la parole que nous entendons en pratique sinon de faux raisonnements naîtront dans notre esprit (*Jacques 1v22*).

En tant qu'enfants de Dieu, la connaissance et l'expérience personnelle de la puissance du nom de Jésus sont des étapes primordiales dans votre croissance. Votre attitude ou votre temps de réaction pendant les moments difficiles dépendent de votre expérience avec Jésus-Christ pendant que tout allait bien. Si vous avez une expérience personnelle de Jésus, aucun Homme sur la terre ne pourra vous convaincre de vivre une vie en dessous de ce que

Dieu vous a promis. Vous avez expérimenté son amour, vous connaissez sa puissance, vous savez de quoi IL est capable. De ce fait, personne ne pourra vous convaincre d'accepter la situation que vous traversez sans bouger le moindre doigt. Et même si la situation semble être sans issue, vous ne renoncerez jamais à l'amour de Dieu et sa capacité à agir.

Au désir des apôtres d'empêcher cet homme à continuer sa marche avec Jésus tel qu'il le faisait, Jésus répond en disant « *Ne l'en empêchez pas, …, car <u>il n'est personne</u> qui, faisant un miracle en mon nom, puisse <u>aussitôt après</u> parler mal de moi.* » *Marc 9v39*. C'est une déclaration extraordinaire que fait notre Seigneur afin de nous éduquer. Jésus dit que celui ou celle qui a expérimenté la puissance de son nom ne pourra jamais aussitôt le renier ou mettre en doute son amour et l'infinie grandeur de sa puissance pendant les moments difficiles. L'esprit de l'homme se forge avec l'expérience et c'est votre esprit qui vous soutiendra dans les moments difficiles comme le dit le livre des proverbes « *L'esprit de l'homme le soutient dans la maladie ; Mais l'esprit abattu, qui le relèvera ?* » *Proverbes 18v14*

La parole de Jésus sera un roc solide pour vous dans les moments difficiles si vous la mettez en pratique aujourd'hui. Il y a un prix à payer pour expérimenter personnellement Jésus dans sa vie. Alors celui ou celle qui payera ce prix, l'Esprit de Jésus sera un vrai allié pour cette personne dans sa marche chrétienne.

Vous devez avoir une expérience personnelle de Jésus-Christ

La Bible nous enseigne que l'Homme prudent est comme un homme avisé qui voit le danger à l'horizon et se met à l'abri. À travers les propos de Jésus, nous comprenons que les torrents viendront que vous ayez bâti votre maison sur le roc ou pas. Alors celui qui est prudent se met à l'abri, mais l'homme insensé continue son chemin comme s'il ne fera jamais face à un danger. Le livre des proverbes dit : « ***L'homme avisé (l'homme prudent) voit venir le malheur et se met à l'abri, l'homme sans expérience poursuit son chemin et en subira les conséquences.** » **Proverbes 22v3*** (version *Bible des Semeurs*). Sous le regard de notre Seigneur, vous êtes sages et prudents si vous décidez de l'expérimenter aujourd'hui.

*Vous ne devez pas avoir peur,
mais soyez sages*

Toute croissance exige de payer un prix. Notre évolution avec le Seigneur n'en fera pas l'exception. Pour expérimenter le nom de Jésus, nous devons payer le prix de l'amour, de l'essai et de l'endurance. Dans l'épitre aux Galates, le Saint-Esprit nous recommande de porter les fardeaux les uns des autres pour être à l'image de Christ. C'est en agissant ainsi que nous expérimenterons ensemble la puissance du nom de Jésus lorsque l'un de nous traversera des moments difficiles (***Galates 6v2***).

Si nous nous aimons les uns les autres de l'amour de Jésus, lorsqu'un de nous traversera des moments difficiles, tous souffriront avec lui. Ainsi par la situation d'un seul, tous auront gagné en expérience avec Jésus.

1 Corinthiens 12v26 : « Et si un membre souffre, tous les membres souffrent avec lui... »

Pendant que vous n'êtes pas marié, si l'un parmi vous s'est marié et rencontre un problème d'enfantement, vous devez saisir ce problème comme s'il était le vôtre et prier avec ferveur, seul ou avec la personne concernée, jusqu'à l'exaucement. Ainsi, vous venez d'acquérir une expérience avec le Saint-Esprit qui vous serait utile dans votre vie si le même problème venait à vous arriver pendant votre mariage ou peut être celui de votre enfant.

Certaines personnes prennent beaucoup de temps pour s'étonner du problème qu'elles ont avant même de se mettre à rechercher la solution. Elles manquent d'expérience, elles n'ont jamais pensé qu'elles pourraient traverser une situation pareille. Elles l'ont vu et entendu dans la vie des autres, mais ont toujours pensé qu'elles seraient épargnées. Elles n'ont pas porté les fardeaux des autres pour en tirer une expérience personnelle et bâtir leur maison avant que la tempête n'arrive à leur niveau.

Remarquons ensemble que cet homme dans

Vous devez avoir une expérience personnelle de Jésus-Christ

l'évangile de **Marc 9v38** expérimentait la puissance de la délivrance et de la guérison au nom de Jésus dans la vie des autres, car il voulait les voir en bonne santé. L'ayant expérimentée ainsi, le jour où la maladie atteindrait sa famille ou lui-même, il serait capable d'agir de la même façon au nom de Jésus et voir les mêmes résultats.

Répondons ensemble à cette question : vous n'avez jamais expérimenté la guérison en priant pour un frère ou une sœur depuis que vous êtes dans la foi et à votre cinquantième année d'existence sur terre, vous apprenez que vous êtes atteint d'un cancer. Où allez-vous trouver la force pour déclarer et voir le cancer vous quitter ? Nous comprenons ensemble qu'il vous sera très difficile de prier et voir la guérison promise par Dieu à tous ceux qui croient.

Jésus a dit en **Matthieu 10v7-8** : *« Allez, prêchez, et dites : Le royaume des cieux est proche. Guérissez les malades, ressuscitez les morts, purifiez les lépreux, chassez les démons... »*. Pendant que vous êtes en bonne santé, priez pour les malades autour de vous. Si vous n'en trouvez pas, allez dans les hôpitaux et priez pour eux afin d'avoir une expérience personnelle de Jésus. Pendant qu'aucun membre de votre famille n'est influencé par un démon, chassez les démons dans la vie des autres. Pendant que vous n'êtes pas encore confronté à des besoins de fortes sommes d'argent, apprenez à porter les fardeaux de ceux qui y sont confrontés afin de vous préparer. Lorsque votre pasteur vous présentera un projet de l'église exigeant d'importants moyens financiers, ne boudez pas, mais supportez le projet. Dites- vous que c'est une occasion d'expérimenter Jésus dans les finances afin d'y être préparé pour demain. Soutenez chaque situation que vous présenteront vos frères et sœurs dans la foi comme si vous y étiez vous-même confrontés. Pour agir ainsi, vous aurez besoin d'amour, car seul l'amour peut tout supporter (*1 Corinthiens 13v7*).

Deux femmes qui perdent leurs enfants à six mois de grossesse

J'ai entendu l'histoire de deux femmes dont l'issue fut très différente malgré la similitude de leurs histoires. Les deux femmes avaient traversé la même tempête. L'une d'entre elles avait sûrement construit sa maison avant la tempête et l'autre voulait la construire pendant la tempête. La première avait sûrement expérimenté Jésus et s'y était préparée. Les deux femmes étaient enceintes. La première femme n'a reçu aucune information alarmante du docteur pendant les six premiers mois de la grossesse. Tout allait bien. En ce qui concerne la seconde femme, son gynécologue lui avait déjà annoncé la fragilité de sa grossesse pendant le second ou le troisième mois. Elle a été soumise à un régime alimentaire avec moins de mouvements. Au sixième mois, les deux femmes remarquent après quelques jours l'inactivité de leurs enfants dans le ventre. Normalement, cela est étrange, car un enfant dans le ventre de sa mère bouge plusieurs fois durant la journée.

Les deux dames se rendent à l'hôpital pour le signaler à leurs gynécologues respectifs. Le gynécologue de la deuxième femme lui annonce que son bébé est décédé malgré le régime et tout ce qu'ils ont fait. Elle pleure et conclut que c'est la volonté de Dieu. Dieu a donné et Dieu a repris, que son nom soit glorifié ! Elle le dit dans la douleur, car c'est un enfant qu'elle et son mari attendaient vraiment avec impatience.

Le gynécologue de la première femme chez qui tout allait bien lui annonce aussi que son enfant est décédé et qu'il a dû manquer d'oxygène ou de quelque chose. Elle demande au docteur ce qu'elle devrait faire. Le docteur lui dit qu'elle a au maximum deux jours pour enlever l'enfant de son ventre sinon elle pourrait elle aussi perdre la vie. C'est un enfant qu'elle et son mari attendent avec impatience également. Elle décide de rentrer à la maison avec l'enfant mort dans le ventre et informe son mari. Le couple refuse la décision et se met à prier pendant toute la nuit et la journée du lendemain. Au deuxième jour, l'enfant se mit à bouger. Elle se rendit à l'hôpital et son gynécologue confirma avec étonnement que tout allait bien. Au neuvième mois de la grossesse, l'enfant naquit et était en parfaite santé.

Deux histoires identiques, deux fins différentes.

Ces histoires montrent que c'est une nécessité et c'est un bénéfice pour vous d'expérimenter Jésus pendant que tout va bien, avant que la tempête arrive. Sinon tout pour vous sera de la volonté de Dieu. Vous subirez la vie et ses coups.

Pensez-vous que cela est facile de prier pendant toute une nuit pour une situation difficile lorsqu'on n'y est pas habitué ? La réponse, je peux vous le dire, c'est "non". Vous devez expérimenter l'endurance dès maintenant pour en bénéficier plus tard. Si cette première dame et son mari ne s'étaient pas habitués à prier pendant longtemps, ils ne seraient pas capables de le faire pendant ce moment difficile qu'ils ont traversé. Après 4 heures de prière sans voir l'enfant bouger, ils allaient peut-être conclure que c'est la volonté de Dieu et subir la situation. Le mari de cette dame aurait pu abandonner par peur de perdre également sa femme. Leur endurance d'autrefois a payé pendant ce moment inattendu.

La Bible nous enseigne en *Marc 1v35* que Jésus priait les matins avant de commencer ses journées, mais cela n'a pas empêché la tempête de l'atteindre avec ses disciples dans le bateau en *Marc 4v38*. Pendant que les disciples étaient remplis de peur et pensaient même à la mort, qu'a fait Jésus ? « *Il menaça le vent, et dit à la mer : Silence ! Tais- toi ! Et le vent cessa, et il y eut un grand calme* » *Marc 4v39*. Notre vie de prière n'annule pas les oppositions, mais elle nous prépare à les affronter.

Vous devez avoir une expérience personnelle de Jésus-Christ

L'expérience d'avoir vu le Seigneur à l'œuvre dans une situation fortifie votre foi pour affronter plus sereinement la prochaine situation.

Toutefois, cherchez à vivre votre expérience sans tenter le Seigneur comme le diable proposa à Jésus de se jeter afin que les anges viennent le porter sur leurs mains et que son pied ne heurte contre une pierre (***Matthieu 4v6***). Soyez sages dans toutes vos actions !

Souvenez-vous, notre Seigneur Jésus a dit : « **...*il n'est personne* qui, faisant *un miracle* en mon nom, puisse aussitôt après parler mal de moi.** » **Marc 9v39**. Portons donc les fardeaux les uns des autres. Expérimentons Jésus dans notre vie spirituelle, dans nos relations avec les autres et dans notre vie financière. Avant que ne vienne la tempête, bâtissons notre maison sur le roc et notre foi sera au rendez-vous quand nous en aurons le plus besoin.

Pendant que tout va bien, nous devons poser les bons fondements de la vie que nous rêvons d'avoir avec Jésus. Souhaitez-vous avoir une famille où la maladie ne régnera jamais ? Posez dès maintenant les fondements de la prière, du jeûne, de la lecture, de la bonne alimentation, du sport, etc. dans votre famille. Souhaitez-vous faire de bonnes affaires demain ? Posez aujourd'hui les bons fondements de la prière, d'une sensibilité au Saint-Esprit, d'une bonne collaboration avec les autres, d'une bonne formation, etc. Souhaitez-vous avoir demain des personnes honnêtes et sincères autour de vous quand tout ira bien ou mal ? Posez aujourd'hui les bons fondements de l'amitié vraie et sincère, du soutien pour les autres, de la considération et de l'amour. Soyez loin de l'hypocrisie, du mépris, de la haine, des rancunes, etc.

Votre expérience d'aujourd'hui vous rendra fort demain. Ce que vous connaissez et avez expérimenté de Jésus aujourd'hui est la seule chose qui vous sera facilement accessible et utile demain. Votre total équilibre de demain se bâtit aujourd'hui.

Chapitre 6 :
VOTRE CROISSANCE SPIRITUELLE: LA FONDATION DE VOTRE ÉQUILIBRE.

Lorsque nous pensons aux trois domaines de développement de l'Homme que nous avons énuméré, l'image qui nous vient est celle d'une maison que nous subdiviserons en trois parties qui sont : la fondation, le gros œuvre et la finition. Notre vie spirituelle représente **la fondation**.

Figure 1 : Différentes fondations de maison.

Dans l'évangile selon Matthieu, le Seigneur Jésus dit : « ***Cherchez <u>premièrement</u> le royaume et la justice de Dieu ; et toutes ces choses vous seront données par-dessus*** » *Matthieu 6v33*.

Notre vie spirituelle, c'est notre relation avec Dieu, notre degré de connaissance de sa personne, notre capacité à mettre en pratique ses commandements, notre capacité à pratiquer sa parole et à œuvrer pour Sa gloire. La première attente de Dieu à notre égard, c'est que nous acceptions le message du salut et que nous puisions en Lui tout ce dont nous avons besoin pour notre épanouissement terrestre et céleste.

La Parole nous enseigne que notre vie spirituelle vient avant toute chose et qu'elle est la base d'une croissance solide dans la vie. Jésus nous dit dans l'évangile selon **Matthieu 6v31-32** : « *^{31} Ne vous inquiétez donc point, et ne dites pas : Que mangerons-nous ? que boirons-nous ? de quoi serons-nous vêtus ? ^{32} …Votre Père céleste sait que <u>vous en avez besoin</u>.* »

Que voulait-il dire ? Nous comprenons que Jésus ne nie pas que nous avons des besoins. Il sait bien que nous avons des besoins quotidiens de nourriture, de vêtements, de déplacements, etc. Mais IL nous demande de chercher premièrement le royaume de Dieu et sa justice. La raison est que la connaissance de Dieu et de ses voies ainsi que notre relation personnelle avec Lui sont les éléments primordiaux et fondamentaux de la vie de l'Homme. Sans une relation profonde avec notre Créateur, nous entrons dans un cycle interminable de recommencement qui n'aboutit à rien.

De même qu'il n'existe pas aujourd'hui et qu'il n'existera jamais une maison qui peut tenir sans fondation, il n'existera pas non plus de vie stable et paisible loin de Dieu même quand les Hommes essaient de nous faire croire le contraire.

Après analyse de la fondation d'une maison, il est possible de déduire la dimension ou la forme de certaines des pièces principales. C'est ainsi que de par votre relation avec Dieu, qui est la fondation de toute votre vie, on peut savoir si vous serez une personne équilibrée ou pas. On peut savoir si votre vie sera utile à Dieu ou pas. On peut également savoir si votre futur foyer glorifiera Dieu ou pas ou encore si votre travail sera pour la gloire de Dieu ou pas. Ce que je veux dire, c'est que selon votre fondation on peut déjà imaginer votre finalité. Vous pourrez dire ce que vous voulez aux Hommes, mais celui qui vous sonde saura sur quoi vous vous fondez.

La Bible dit ceci dans le livre des **Proverbes, 20:11 : « *L'enfant laisse déjà voir par ses actionssi sa conduite sera pure et droite* »**. C'est-à-dire que par vos actions, par votre façon de considérer Dieu et ses commandements et par la place que vous Lui accordez dans votre cœur, Dieu sait à quoi s'attendre avec vous et les chemins que vous emprunterez dans votre vie.

La Bible nous enseigne que Dieu, par Jésus-Christ, est la source de tout. Sans Lui, il nous est impossible de faire quelque chose pour sa gloire. On peut le voir en ***Colossiens 3v11 : « ...mais Christ est tout et en tous »*** ou encore en ***Jean 15v5 : « ...Celui qui demeure en moi et en qui je demeure porte beaucoup de fruits, car sans moi vous ne pouvez rien faire. »*** Si vous avez donc une mauvaise relation avec Dieu, il vous sera difficile de connaitre sa volonté pour vous et l'accomplir. Ce que Dieu a préparé pour vous nécessite sa force, sa présence continue et son orientation pour l'accomplir. C'est pourquoi IL donne son Esprit à quiconque lui appartient pour le guider, pour connaitre ses plans, pour manifester sa puissance, pour avoir son amour, afin d'être semblable à Lui en toutes choses.

Romains 8:14 : « car tous ceux qui sont conduits par l'Esprit de Dieu sont fils de Dieu. »

Romains 5:5 : « ... parce que l'amour de Dieu est répandu dans nos cœurs par le Saint-Esprit qui nous a été donné. »

Dieu vous attend

Dieu attend de nous ses enfants que nous prêchions l'évangile, que nous guérissions les malades, que nous délivrions les captifs, que nous chassions les démons. Il attend également de nous que nous aimions notre prochain, que nous priions pour nos ennemis, que nous nourrissions les pauvres, que nous répandions l'amour de Christ autour de nous. Aussi voudrait-il que nous trouvions des solutions aux défis quotidiens des hommes (famine, pauvreté, maladie...), que nous rendions agréable notre pays d'origine pour quiconque voudra le visiter et pour la prochaine génération, etc. Vous constatez avec moi que si vous n'avez pas de relation bien solide avec Dieu, vous ne serez pas capables d'accomplir ces choses dans leur totalité.

Les premiers pas de la vie de Jésus

Durant tout le ministère du Seigneur Jésus, sa vie et ses paroles ont été toujours cohérentes. Dès son jeune âge, bien qu'apprenant le métier de charpentier avec son père adoptif Joseph, IL accordait une place importante à la parole de Dieu. À douze ans, IL resta trois jours dans le temple à écouter et interroger les docteurs sur la personne de Dieu et ses commandements (***Luc 2v42-46***). IL désirait, comme un homme, connaître Son Père afin d'avoir une vie conforme à Ses exigences et accomplir Sa mission.

En lisant son histoire, nous nous sommes posé certaines questions : où mangeait-il pendant ces trois jours ? Où dormait-il ? Pourquoi n'a-t-il pas été le premier à chercher ses parents ? Nous avons compris que notre recherche de Dieu doit être sérieuse, déterminée et surtout empreinte de sacrifices. Si ce désir ne nous remplit pas durant notre jeune âge, nous risquons de bâtir sur du sable et perdre du temps à ne rien faire d'essentiel.

L'une des étapes les plus importantes dans la construction d'un gratte-ciel est sa fondation. Les ingénieurs sont toujours félicités pour leur capacité à construire des bâtiments sur des fondations solides. Jésus nous dira plus tard que nous devons être prudents et bâtir notre maison sur le roc. Que signifie le roc en travaux publics ? Lorsque nous sommes à l'étape de la fouille pour la fondation d'une maison, nous devons creuser jusqu'à la roche sédimentaire la plus proche sur laquelle la maison sera posée. Si vous posez vos fondements loin de cette roche, la maison s'écroulera sous son poids après un certain temps. C'est pourquoi deux maisons identiques construites sur deux sols différents n'auront pas la même fondation.

Qu'est-ce que cela signifie pour vous ? Cela signifie que dans votre relation avec Dieu vous devez creuser, chercher à comprendre les choses essentielles, les questions de la vie, la relation entre Dieu et les Hommes, jusqu'à avoir une compréhension solide et inébranlable sur laquelle vous pourrez vous bâtir. Tant que l'étude du sol n'est pas terminée, l'ingénieur ne peut pas définir

Votre croissance spirituelle : La fondation de votre équilibre

le type de fondation à choisir pour le bâtiment. De même, tant que vous ne comprendrez pas les choses essentielles de la relation entre Dieu et les Hommes, votre vie sera empreinte de vacillement. C'est pourquoi notre Seigneur Jésus a passé plus de temps dans le temple avec les docteurs, en étudiant la parole pour avoir une compréhension solide des choses avant que les tempêtes n'arrivent. C'est parce qu'il avait une compréhension solide de la loi qu'il pouvait dire **« *Ne croyez pas que je sois venu pour abolir la loi... je suis venu... pour accomplir* » Matthieu 5v17.**

Plusieurs d'entre nous se sont engagés pleinement dans la vie et ses tourments sans avoir des réponses à des questions essentielles. Par exemple, sur le sujet de la maladie, Dieu en est-il souvent ou jamais l'auteur ? Dieu est-il celui qui rend certaines personnes malades juste pour montrer sa gloire ? Dieu veut-il que tout le monde soit riche ou pas ? Dieu est-il celui qui rend certaines personnes pauvres et d'autres riches ? Qui Dieu veut-il ressusciter après la mort, comme il a fait avec la sœur Tabitha (***Actes 9v36-43***), le fils de la veuve de Naim (***Luc 7v11-17***), Lazare (***Jean 11***) ? Je ne sais pas quelles autres questions vous pouvez encore avoir. Mais tant que ces questions demeurent sans réponse solide, vous serez toujours vacillants dans votre approche.

Sa parole est un roc et la prière, une force

Notre Seigneur Jésus dit en **Matthieu 7v24** : « *c'est pourquoi quiconque entend ces paroles que je dis et les met en pratique sera semblable à un homme prudent qui a bâti sa maison sur le roc.* ». Personne ne pourra réellement mettre en pratique une parole qu'elle n'a pas comprise. Ici, le Seigneur nous instruit sur l'importance de comprendre sa parole, car elle est plus solide que n'importe quel objet que nous pouvons imaginer sur la terre ou même dans l'univers. En effet, tout ce que nous pouvons voir de solide passera, mais les paroles de Jésus demeurent éternellement. Nous sommes donc encouragés à étudier sa parole jusqu'à avoir une compréhension parfaite ce qui serait de notre part un acte de sagesse et de prudence.

En **Proverbes 3v1-2**, la parole de Dieu dit : « ***Mon fils, n'oublie pas mes enseignements, Et que ton cœur garde mes préceptes ; Car ils prolongeront les jours et les années de ta vie, Et ils augmenteront ta paix.*** ». Le manque d'une compréhension inébranlable de la parole de Dieu est un acte dangereux qui pourrait nous priver de paix dans certaines situations que nous traverserons. L'Esprit de Dieu demeure constamment en nous pournous donner la connaissance, l'intelligence afin decomprendre et garder sa parole.

L'une des missions du Saint-Esprit est de nous enseigner la parole afin de bâtir en nous une foi consistante sur laquelle IL pourra se baser pour accomplir l'œuvre de Dieu. La Bible nous enseigne que Dieu utilise un langage spirituel pour les choses spirituelles. L'Esprit dit en *1 Corinthiens 2v13 : « Et nous en parlons, non avec des discours qu'enseigne la sagesse humaine, mais avec ceux qu'enseigne l'Esprit, employant un langage spirituel pour les choses spirituelles. ».* Cela signifie qu'il y a des portions de la parole, des histoires et actions de certains hommes ou femmes qui nous seront difficiles à comprendre dans une première approche. Mais à travers la prière, le lieu secret où le Saint-Esprit révèle les choses cachées à ses enfants, nous aurons la compréhension parfaite.

Il est vrai que nous avons rarement entendu des chrétiens prier pour comprendre un verset ou une parabole de Jésus, mais il est primordial et très conseillé pour les enfants de Dieu d'agir ainsi afin de bâtir leur marche sur une compréhension immuable de la parole. Souvenez-vous que sa parole est un roc et avancer sans comprendre vous déséquilibrera au fur et à mesure.

N'a-t-il pas dit au prophète Jérémie *« Invoque-moi, et je te répondrai ; Je t'annoncerai de grandes choses, des choses cachées, Que tu ne connais pas. » (Jérémie 33v3)* ? C'est donc le désir de Dieu de révéler, les choses voilées à la compréhension de l'Homme normal, à ses enfants. Mais rares sont ceux qui s'approchent de Lui pour comprendre et rares aussi sont ceux qui persévèrent jusqu'à obtenir la réponse venant du Saint-Esprit.

Un pasteur jeûne 10 jours pour comprendre une situation

J'ai entendu l'histoire d'un pasteur qui était vraiment intrigué par la question de l'accouchement. Nous avons été tous enseignés dans la Bible, que Dieu est l'unique Créateur. Tout ce qui existe est l'ouvrage de ses mains. IL a créé toutes choses et c'est par sa volonté qu'elles existent et qu'elles ont été créées (***Apocalypse 4v11***). Mais il y a certains évènements qui perturbaient le Pasteur. Il se posait cette question et elle tournait en boucle dans sa tête sans qu'il ne puisse y trouver de réponse. C'était une question que lui posaient aussi certains membres de son assemblée. Celle-ci était la suivante : si Dieu est l'unique Créateur et que le diable ne crée rien, alors d'où viennent ces enfants qu'obtiennent ces femmes stériles qui adorent des démons afin de concevoir un enfant ? Certaines femmes, aux bords des eaux, adressent des prières à des démons et le font même avec des promesses. Certaines adorent des génies de forêt et elles arrivent à concevoir.

Pour cela, le pasteur est entré en prière avec un désir ardent d'avoir une réponse du Saint-Esprit afin d'orienter le peuple de Dieu dans la bonne direction. Ne l'oublions pas, le peuple de Dieu attend souvent des preuves et des versets bibliques à l'appui pour confirmer ce que nous enseignons. Selon l'histoire, le pasteur n'avait pas prévu faire dix jours de jeûne, mais désespéré d'avoir une réponse de Dieu, il perdit tout désir de manger tout en criant à Dieu pendant ces jours. Dieu voyant sa détermination, répondit le dixième jour par des versets bibliques simples que nous lisons chaque jour et une histoire dans l'Ancien Testament.

La réponse de Dieu était la suivante :

Jacques 1v17 : « toute grâce excellente et tout don parfait descendent d'en haut, du <u>Père des lumières</u>, chez lequel il n'y a ni changement ni ombre de variation. »

Dieu confirme à son serviteur premièrement que tout don parfait vient de Lui. IL n'a pas encore changé et IL ne changera pas.

Son serviteur lui répond : mais si ces enfants viennent de toi, comment se fait-il que les démons exhaussent ceux qui les servent avec tes dons ?

Dieu répond ensuite avec l'histoire de Daniel et le prince de Perse en ***Daniel 10v12-13 : « Il me dit : Daniel, ne crains rien ; car dès le premier jour où <u>tu as eu à cœur de comprendre, et de t'humilier devant ton Dieu</u>, tes paroles ont été entendues... <u>Le chef du royaume de Perse m'a résisté vingt et***

un jours ; *mais voici, Micaël, l'un des principaux chefs, est venu à mon secours, et je suis demeuré là auprès des rois de Perse. »* Dieu utilise cette portion de la parole pour expliquer à son serviteur qu'il y a souvent des oppositions à la prière des chrétiens quand ils lui font une requête. Pendant ce temps d'opposition, si le chrétien qui a engagé la prière se décourage et perd la foi, le démon aura la force d'arracher l'exaucement que transportait l'ange. Ensuite, le démon ayant le don de Dieu entre ses mains le remet à ceux qui l'adorent en leur promettant d'être toujours à leur côté. C'est ainsi que ces femmes conçoivent des enfants de la part des démons. Si ces enfants étaient typiquement les créations du diable, aucun d'eux ne pourrait accepter Christ plus tard dans leurs parcours sur la terre. Ils seraient des petits anti-Christs.

Loin de moi le désir de vous focaliser sur l'interprétation de ces versets, ce que je souhaite que nous retenions, c'est l'attitude du pasteur qui a cherché à comprendre les choses essentielles en s'approchant de Dieu par le jeûne et la prière. Voici ce que notre Père céleste attend de ses enfants. Nous devons bâtir notre vie, notre marche chrétienne sur une compréhension certaine de chaque portion de la parole de Dieu. Une parole, une promesse bien comprise devient un roc sur lequel nous pourrons bâtir pour résister pendant les tempêtes qui, sûrement, rencontreront notre chemin.

Avez-vous des incompréhensions sur

l'enfantement ? Sur la richesse ? Sur la délivrance ? Sur le salut ? La maladie ? La résurrection ? etc. Lisez la parole et approchez-vous de Dieu. Ayez une vie de lecture et de prière et vous serez inébranlable.

Le centenier se sentait impuissant malgré toute sa richesse

Dans les différentes histoires de la Bible, celle du centenier romain a attiré notre attention. Cette histoire est racontée dans l'évangile selon **Luc** au chapitre *7v1-10*. Ce centenier avait un serviteur qu'il aimait vraiment beaucoup, auquel il était très attaché, nous dit la Bible. Je crois que ce serviteur était sûrement le plus serviable, celui qui a passé certainement plus de temps auprès de son Maître et n'a jamais hésité à lui faire du bien. La Bible nous dit dans le livre des **Proverbes 17v2 : « *le serviteur intelligent gouvernera le fils indigne et recevra sa part d'héritage avec les frères* »**. Je crois que ce serviteur était ainsi, très intelligent et très serviable. Le Maître n'a pas hésité à lui donner son cœur. Malheureusement, ce serviteur se trouva malade, sur le point même de mourir nous dit la Bible. Malgré toute sa richesse, ce centenier se trouve dans une position d'incapacité. Il a mal de voir son serviteur souffrir ainsi, mais il ne peut rien faire. Le dernier espoir à sa portée était Jésus. Si Jésus décidait de ne rien faire à son tour alors, il n'y aurait plus d'espoir pour celui que le centenier aime. Nous bénissons notre Seigneur pour sa main toujours prête à nous faire du bien lorsque nous crions à lui. Le Seigneur Jésus va, à travers une seule parole, guérir ce serviteur, ce que toute une richesse matérielle et financière n'a pas pu faire.

Pourquoi l'Esprit a-t-il ajouté cette histoire dans la Bible ?

C'est pour nous emmener à réaliser que malgré toutes nos possessions sur la terre, il y a des situations et évènements de la vie dont seule la puissance de Dieu pourra nous délivrer. Si nous prenons à la légère notre croissance spirituelle, notre relation avec Dieu alors que ce soit nous-mêmes ou nos bien-aimés, notre épouse ou époux, nos enfants, nos frères et sœurs traverseront des situations difficiles sous nos yeux sans que nous soyons capables de réagir. Si nous avons donné notre vie au Seigneur Jésus, nous ne devons pas prendre à la légère la lecture de sa parole, la prière, l'écoute des enseignements afin de le connaitre davantage et de manifester sa puissance. C'est un ingrédient essentiel à notre équilibre terrestre.

Plusieurs familles, chrétiennes ou pas, sont déchirées de nos jours par des maladies, la mort subite, des handicaps sans que personne n'arrive à faire quelque chose. Maman est décédée très tôt d'un cancer laissant son époux et les enfants dans un vide difficile à combler pour toute la vie. Papa est atteint d'un handicap qui l'empêche de travailler tout le reste de sa vie mettant son épouse et ses enfants dans une situation très difficile à supporter. Toutes ces choses arrivent à cause de notre incompréhension de la parole de Dieu et de ses promesses en Jésus-Christ. Nous avons bâti notre vie chrétienne sur des suppositions, sur des témoignages non prouvés ou mal expliqués, sur des opinions de débats, sur une compréhension erronée de la parole de Dieu. Tout cela est causé par le manque de temps, des rêves et des désirs incontrôlés qui nous emportent loin des choses essentielles à notre équilibre.

Frère, sœur, toi qui me lis, ne laisse rien t'empêcher de croître avec Dieu et manifester sa puissance, car ton équilibre et celui de ta famille en dépendent. La Bible nous montre en **Matthieu 14v22-23** comment le Seigneur Jésus forçait ses disciples à le laisser seul afin de se retirer pour prier. Souvent, il vous faudra faire de même, c'est-à-dire forcer vos enfants à vous laisser seul parce que vous voulez prier ou lire la Bible ou encore forcer les gens de votre maison à dormir plus tôt parce que vous voulez prier. Vous en avez besoin pour votre équilibre. Les vents et les tempêtes arrivent et il y a certains cas où la puissance de Dieu sera votre seul recours.

Il y a beaucoup à gagner lorsque nous nous approchons de Dieu, lorsque nous croissons spirituellement, car l'orientation appartient à Dieu. Si plusieurs d'entre nous n'ont pas de certitude réelle sur ce que Dieu attend d'eux, ce à quoi ils sont appelés, c'est parce que nous avons joué ou nous continuons de jouer avec notre vie spirituelle. Nous manquons de poser des questions essentielles à Dieu. Comment saurez-vous que ce jeune homme ou cette jeune fille est celui ou celle que Dieu vous aréservé, si vous n'avez pas appris à l'écouter avant ? Comment saurez-vous que Dieu vous appelle à un certain type de métier si vous n'avez pas appris à être à ses pieds pour l'écouter pendant un moment de la journée ? Comment ferez-vous pour guider vos enfants dans leur choix si vous n'avez aucune idée du plan de Dieu pour votre famille ? Si vous apprenez à distinguer la voix de Dieu parmi tant d'autres, si vous gagnez en sagesse dans votre relation avec Dieu, vous en serez le premier bénéficiaire.

Je vous invite à étudier en détail l'histoire de cette femme de distinction de Sunem et son fils en ***2 Rois 4v8-37***, de cette gentille disciple Tabitha en ***Actes 9v36-43***, du chef de la synagogue Jaïrus et safille en ***Luc 8v41-56***, de la veuve de Naïn et son fils unique en ***Luc 7v11-17***, et de cette femme infirme depuis dix-huit ans en ***Luc 13v10-16***, etc, qui n'onteu qu'une seule option pour sortir de leur situation : la puissance de Dieu. Alors, donnez-vous **esprit, âme et corps** pour votre croissance spirituelle.

Pour terminer, retenez que votre corps est le temple de l'Esprit de Dieu, vous êtes donc un être spirituel. Manquer de croître spirituellement est le plus grand acte de folie que vous pouvez commettre, car vous serez sans fondements solides. Progressez donc dans la connaissance et la manifestation de la puissance de Dieu et rien ne pourra vous ébranler. Vous devez toutefois le faire sans jamais mépriser ou ignorer votre relation avec les Hommes, votre prochain, fait à l'image et à la ressemblance de Dieu.

2 Pierre 3v17-18 : « [17] Quant à vous, mes chers amis, vous voilà prévenus. <u>Prenez garde</u> de ne pas vous laisser entraîner par l'égarement de ces hommes <u>vivant sans respect pour Dieu</u> et de perdre ainsi <u>la position solide que vous occupez</u>. [18] Au contraire, <u>progressez sans cesse dans la grâce et dans la connaissance de notre Seigneur et Sauveur Jésus-Christ</u>. À lui soit la gloire dès maintenant et pour l'éternité. Amen. » (Version Semeur 2015).

Chapitre 7 :
UNE BONNE RELATION AVEC VOTRE PROCHAIN FAIT PARTIE DE VOTRE ÉQUILIBRE

Un jour, un docteur de la loi a posé une question fondamentale au Seigneur Jésus. Il dit : « *Maître, quel est le plus grand commandement de la loi ?* » *Matthieu 22v36.* Jésus répondit en disant : « *...Tu aimeras le Seigneur, ton Dieu, de tout ton cœur, de toute ton âme, et de toute ta pensée. C'est le premier et le plus grand commandement.* » *Matthieu 22v37-38.* Mais Jésus ne s'arrête pas à ce niveau. Il lui dit qu'il y a un second qui lui est semblable. C'est-à-dire un autre commandement qui a aussi une valeur très importante aux yeux de Dieu comme le premier. Ce commandement est : « *...Tu aimeras ton prochain comme toi-même* » *Matthieu 22v39.*

Ce docteur ne s'attendait sûrement pas à une telle réponse. Le plus grand commandement étant l'amour pour Dieu, je pourrais me limiter à cela, se disait-il peut-être. Mais le Seigneur Jésus-Christ, en répondant ainsi, lui montre que ce seul commandement ne suffit pas pour être agréable à Dieu ou encore il est impossible de vivre le premier sans le deuxième. La Bible nous dit que l'Homme a été créé à l'image et à la ressemblance de Dieu. Il est donc étonnant aux yeux de Dieu de l'aimer et au même moment haïr sa créature faite à son image. C'est pourquoi le Seigneur termine sa réponse en disant : « ***De ces deux commandements, <u>dépendent toute la loi et les prophètes</u>*** ». ***Matthieu 22v40.***

Que veut nous enseigner le Seigneur ? Dieu notre Père jugera la valeur de nos actions envers Lui et les autres en fonction de l'amour que nous avons pour lui et notre prochain. La valeur de vos dons dépendde l'amour que vous avez pour celui à qui vous offrez. Ainsi, votre salutation et vos actions envers vos frères et sœurs ou vos amis seront agréables à Dieu en fonction de l'amour que vous avez dans votre cœur à leur égard.

Si d'un côté, votre relation avec Dieu et votre vie spirituelle représentent la fondation de votre existence et la source de votre sécurité, de l'autre côté, votre relation avec votre prochain représente **le gros œuvre**. C'est cette dernière qui crée la chaleur dans votre vie et vous protège des rayons du soleil.

Une bonne relation avec votre prochain fait partie de votre équilibre

Figure 2 : Images de différents gros œuvres de maison.

Aussi solide que soit une fondation, personne ne peut vivre sur celle-ci et être en joie. Votre amour pour Dieu serait réel si vous aimiez votre prochain comme vous aimez Dieu. Aussi surprenant que cela puisse paraître, il y a des personnes qui ne veulent rien savoir des Hommes dans leur entourage. Le malheur ou le bien-être de leurs frères, sœurs ou amis ne leur font ni chaud ni froid. Prier pour leurs frères et sœurs en Christ ou leurs ami(e)s ne leur est jamais venu à l'esprit. Mais ces personnes ont une forte conviction dans leurs cœurs qu'elles aiment Dieu. Cet amour est caractérisé par la Bible comme étant un amour trompeur, un faux amour. Celui qui vit un tel amour se trompe lui-même, nous dit la Bible.

« Si quelqu'un dit : J'aime Dieu, et qu'il haïsse son frère, <u>c'est un menteur</u> ; car celui qui n'aime pas son frère qu'il voit, comment peut-il aimer Dieu qu'il ne voit pas ? » 1 Jean 4v20.

Personne ne peut avoir une vie équilibrée et épanouie si sa relation avec les autres n'occupe pas une place de choix. Avoir une mauvaise relation avec son environnement est comme vivre au bord d'une falaise, sur le point de chuter. Ici, la chute c'est le péché. Vivre dans une atmosphère tendue avec son prochain, c'est vivre dans une atmosphère où le péché est proche de votre cœur, prêt à être consommé. Dans un tel environnement, il est très facile qu'une mauvaise pensée vous passe par la tête, qu'un mauvais souhait ou une malédiction traverse votre cœur, vous conduisant ainsi à commettre des actions regrettables. C'est pourquoi l'Esprit qualifie la seconde loi, celle d'aimer son prochain comme soi-même, de *"loi royale"*. *Jacques 2v8 : « Si vous accomplissez <u>la loi royale</u>, selon l'Écriture : Tu aimeras ton prochain comme toi-même, <u>vous faites bien</u> ».*

La Bible nous raconte l'histoire de Caïn et d'Abel dans les débuts de l'histoire de l'humanité. Tout allait bien entre les deux frères jusqu'au jour où Caïn laissa son cœur être rempli de mauvaises pensées, dégradant ainsi la relation entre lui et son seul frère. Caïn se retrouve donc au bord de la falaise, tout près de chuter. Dieu lui demande de chasser ou de dominer les mauvaises pensées qui naissent dans son cœur sinon le péché sera inévitable (***Genèse 4v6-8***). C'est ainsi qu'est la vie de celui qui n'est pas en bonne relation avec son prochain, c'est-à-dire une vie où l'occasion de chuter dans le péché n'est jamais loin. Une telle vie ne peut être équilibrée, car votre cœur sera constamment en lutte contre le péché. La Bible dit que celui qui n'aime pas son frère marche dans les ténèbres et celui qui aime son frère marche dans la lumière. Celui qui marche dans les ténèbres se trouve à chaque instant dans une position où le prochain pas pourrait causer sa chute.

« Celui qui aime son frère demeure dans la lumière, et <u>aucune occasion de chute</u> n'est en lui. » 1 Jean 2v10

« Mais celui qui hait son frère est dans les ténèbres, il marche dans les ténèbres, et <u>il ne sait où il va</u>, parce que les ténèbres ont aveuglé ses yeux. » 1 Jean 2v11

Vous devez prier pour vos différentes relations

Dans vos relations, que ce soit avec votre conjoint, vos enfants, vos parents, vos frères et sœurs de sang ou en Christ, vos amis ou toutes autres connaissances, vous devez faire de la prière le centre de votre relation. Pourquoi la prière devrait-elle avoir cette place ? C'est tout simplement parce que si vous voulez avoir un amour infaillible pour votre prochain, cet amour devra être un amour de source Divine. De même que l'amour que vous ressentez pour Dieu est déversé dans votre cœur par le Saint-Esprit, l'amour certain et vrai pour votre prochain doit venir de Lui. Si l'amour que vous ressentez pour Dieu vient du fait que vous le priez de vous aider à l'aimer, ainsi, vous devez demander au Père par son Esprit de vous donner un amour avéré et pur pour votre prochain.

La Bible nous dit que : « *...l'amour de Dieu est répandu dans nos cœurs par le Saint-Esprit qui nous a été donné.* » **Romains 5v5**. Ainsi devra être l'amour que vous avez pour votre prochain. Il devra être déversé dans votre cœur par le Saint-Esprit. Un tel amour résistera à toutes les tempêtes que vous rencontrerez plus tard dans votre relation.

Dans la marche de notre Seigneur Jésus avec ses disciples, leur relation est passée d'une relation Maître-disciple à celle d'amis et enfin à une unicité totale jusqu'à être l'un dans l'autre. Le Seigneur Jésus dit : « *Je ne vous appelle plus serviteurs... ; mais je vous ai appelés amis...* » *Jean 15v15*. Dans sa prière adressée au Père pour ses disciples avant de souffrir, il dit : « *moi en eux, et toi en moi, afin qu'ils soient parfaitement un...* » *Jean 17v23*. La relation entre le Seigneur Jésus et ses disciples croissait ainsi, car le Seigneur priait constamment pour le bien-être de ses disciples. S'adressant à l'apôtre Pierre comme étant le représentant du groupe, Il dit : « *... **Simon, Simon, Satan <u>vous a réclamés,</u> pour vous cribler comme le froment. Mais <u>j'ai prié pour toi</u>, afin que ta foi ne défaille point ; et toi, quand tu seras converti, <u>affermis tes frères</u>** ». **Luc 22v31-32**.* Le Saint-Esprit nous fait connaitre quelque chose venant de l'intimité entre le Seigneur Jésus et Lui parce que c'est la même relation qu'il désire avoir avec nous. Le Saint-Esprit veut prier avec nous pour nos différentes connaissances.

L'amour naturel que vous avez pour votre prochain (épouse ou époux, enfants, frères et sœurs, amis, etc) est un amour très faible, capable d'être brisé à la première trahison ou susceptible de vous quitter au premier danger. Nous avons l'exemple de l'Apôtre Pierre qui a clamé son amour au Seigneur Jésus en lui disant qu'il était préparé à mourir avec lui, quel que soit ce qui arrivera (***Matthieu 26v35***). L'Apôtre Pierre le disait de tout son cœur. Mais cet amour qu'il avait pour son Maître, était un amour naturel, donc trop faible pour tenir face au danger dans le jardin de Gethsémané ou face aux menaces dans la cour du souverain sacrificateur Caïphe (***Matthieu 26v 69- 75***). Par contre, face à la trahison de ses disciples, l'amour de Jésus n'a pas changé. Son amour pour eux était répandu dans son cœur par le Saint-Esprit.

Plusieurs bonnes relations ou amitiés se rompent facilement de nos jours, bien qu'elles soient bien animées par des sorties, des partages d'expériences, des célébrations d'anniversaires, etc. En effet, rares sont les amis qui prient réellement les uns pour les autres. Nous passons beaucoup de temps ensemble, nous faisons plusieurs activités ensemble, nous pensons même à des projets communs, mais rarement ou même jamais nous ne prions les uns pour les autres. Ainsi, aussi fortes qu'elles paraissent être, ces relations se détruisent à la première mauvaise expérience ou à la première trahison. Malheureusement, c'est ce que nous constatons aujourd'hui.

Plusieurs bonnes relations se détruisent subitement avec toujours un coupable qui a été soit infidèle ou méchant. Or, ce que vous ignorez, c'est que vous avez aussi une part de responsabilité, car vous avez omis de prier pour vos amis et connaissances. Nous savons que l'Homme est devenu un être très fragile face au péché depuis la chute du premier homme Adam (***Romains 5v12***). C'est pourquoi la prière doit occuper une place très importante dans vos relations et vous aurez une attitude différente envers vos amis et connaissances.

Vous devez constamment prier pour votre conjoint, vos frères, vos amis et autres connaissances. Vous devez demander au Saint-Esprit de vous aider à les aimer de l'amour de Dieu, celui de ***1 Corinthiens 13.*** Il s'agit ici d'un amour qui supporte tout, qui est patient, qui est plein de bonté, qui excuse tout, qui ne cherche point son propre intérêt, qui ne soupçonne point le mal et surtout qui **ne périt jamais**. Soutenez vos proches dans les moments difficiles, prenez du temps pour eux, ayez une oreille attentive et gardez leurs secrets. S'il faut vous dépouiller pour eux faites-le, car « *Il n'y a pas de plus grand amour que de donner sa vie pour ses amis* » *Jean, 15v13.* Votre vie de sainteté et votre équilibre en dépendent.

Les lis des champs

Pour nous emmener à avoir une ferme confiance en notre Père dans les cieux, le Seigneur Jésus fait une comparaison vraiment surprenante. Il compare la grandeur et la beauté du roi le plus riche d'Israël à celle d'une plante, le lis des champs. Il dit : « *Considérez comment croissent les lis des champs : ils ne travaillent ni ne filent ; cependant je vous dis que Salomon même, dans toute sa gloire, n'a pas été vêtu comme l'un d'eux.* » *Matthieu 6v28-29.* J'ai fait certaines recherches pour arriver à comprendre ce qu'ont ces plantes de si spécial pour qu'elles soient qualifiées par Jésus de mieux vêtues que le plus riche des rois que le monde n'ait jamais connu jusqu'aujourd'hui. Je n'ai vu aucune explication, qu'elle soit scientifique ou spirituelle. Seul Jésus le sait. Toutes vos connaissances autour de vous sont comme les lis des champs, ces belles fleurs qui contiennent en elles une valeur inestimable que seul Dieu à la capacité d'évaluer. Si vous priez continuellement pour vos amis et frères, au-delà de leurs erreurs, le Saint-Esprit vous révélera ce qu'ils ont en eux et comment vous pourrez être un plein acteur de leur croissance et épanouissement. **Ne jugez pas, priez** ! Vous aurez pour vos connaissances (conjoint, enfants, frères, amis, etc.) un amour divin et des révélations extraordinaires pour encore les valoriser.

Figure 3 : Un aperçu de la gloire du roi Salomon.

Figure 4 : Le Lis des champs.

Une bonne relation avec votre prochain fait partie de votre équilibre

Rien ne pourra remplacer votre prochain dans votre vie

La Bible nous enseigne dans la seconde épître adressée à Timothée que dans les derniers jours, il y aura des temps difficiles que chacun vivra à son niveau à cause de l'état de son cœur. La première cause énumérée, au chapitre 3, est l'égoïsme. Ensuite viennent l'amour de l'argent et l'orgueil. Il est évident que celui qui est égoïste, qui est ami de l'argent et qui est orgueilleux vivra dans la solitude parce qu'il ne saura pas maintenir une quelconque relation sur une longue période.

L'égoïsme et l'orgueil grandissent dans le cœur des Hommes aujourd'hui. C'est pourquoi le besoin d'argent se fait de plus en plus sentir parce qu'il devient le premier moyen de sécurité. Sans aucun doute, la richesse matérielle ou financière produit une certaine sécurité. Mais à elle seule, elle constitue une sécurité incomplète et solitaire. La Bible dit en ***Proverbes 18v11 : « La fortune est pour le riche une ville forte ; Dans son imagination, c'est une haute muraille »***. Dans l'imagination du riche, sa fortune est une protection pour surmonter les difficultés de la vie. Mais ce qu'il oublie, c'est qu'aucune richesse ne le protégera contre la solitude. Aucune richesse ne peut remplacer la joie que donnent un ami ou une amie, un époux ou une épouse et encore moins un enfant. Pour combler ce vide, certains se livrent à des désirs extravagants pour se donner une certaine joie, mais le vide intérieur demeure.

La Bible dit en **Proverbes 11v28 : « Celui qui se confie dans ses richesses <u>tombera</u>, Mais <u>les justes verdiront</u> comme le feuillage ».** En effet, celui qui se confie en ses richesses pour ne prendre aucune relation au sérieux, pour ne valoriser personne à sa juste valeur, tombera dans la solitude, dans une vieillesse prématurée, dans la tristesse, car n'ayant personne avec qui partager des moments intimes. Mais le juste, celui qui fait ce qui est droit, qui connait et applique la loi royale (*Jacques 2v8*), qui aime son prochain comme lui-même, qui prie et est continuellement au service de son prochain, verdira comme le feuillage, sera toujours joyeux, car il y a plus de joie à donner qu'à recevoir a dit notre Seigneur Jésus.

Toutes les lettres de l'apôtre Paul se terminent par des salutations. Pourquoi le Saint-Esprit ne l'a-t-il pas retiré de la Bible ? C'est parce qu'il est important de toujours montrer à ses frères et amis la place qu'ils occupent dans votre cœur et votre désir d'avoir de leurs nouvelles. Il y a une grande erreur que commet notre jeunesse aujourd'hui même dans nos églises. Ils sont jeunes, mais disent avec une certaine fierté : *« Moi, je n'ai pas d'amis »*, *« Moi, je préfère être seul »*, *etc*. À quoi cela est-il dû ? Est-ce dû aux gros salaires que les jeunes perçoivent aujourd'hui ? Est-ce dû aux privilèges démesurés

Une bonne relation avec votre prochain fait partie de votre équilibre

que certains ont en entreprise ? Je souhaiterais poser une question à vous qui me lisez : avez-vous déjà vu un homme âgé se faire facilement des amis ? Je crois que la réponse est ''non''. Un homme ou une femme avancé(e) en âge transporte avec lui ou avec elle un vécu chargé de leçons et d'expériences. Et pour être ami à ces personnes, il faudrait avoir vécu les leçons et expériences similaires aux leurs. Il y a un temps pour se faire des amis et bâtir des relations solides pour en bénéficier lorsqu'on sera vieux.

Il y a une tendance de méfiance qui plane dans notre air aujourd'hui. Les Hommes se méfient tellement les uns des autres qu'ils n'arrivent plus à trouver quelqu'un avec qui partager un moment sincère sans arrière-pensées. Or, la méfiance ne détruit pas l'autre, mais plutôt celui qui la manifeste. C'est un sentiment qui vous entraînera dans la solitude et vous rendra vulnérable. N'est-il pas écrit que « ***La crainte n'est pas dans l'amour, mais l'amour parfait bannit la crainte** ; car la crainte suppose un châtiment, et **celui qui craint n'est pas parfait dans l'amour.*** » ***1 Jean 4v18.*** Lorsque votre amour n'est pas parfait, la méfiance occupera le reste de la place.

Selon la Bible, c'est une vanité de travailler avec ardeur et de n'avoir personne à ses côtés pour s'en réjouir sincèrement. ***Ecclésiaste 4v8 : « Tel homme est seul et sans personne qui lui tienne de près, il n'a ni fils ni frère, et pourtant son travail n'a point de fin et ses yeux ne sont jamais rassasiés*** *de richesses. Pour qui donc est-ce que je travaille, et que je prive mon âme de jouissances ? C'est encore là une vanité et une chose mauvaise.* » Et l'*Ecclésiaste* poursuit en disant au **verset 9 : «** ***Deux valent mieux qu'un, parce qu'ils retirent un bon salaire de leur travail.*** ». De quel salaire parle-t-il ici ? Il s'agit du salaire de la joie, de la réjouissance, de l'amour, du partage, etc., car c'est en partageant le fruit de votre travail avec quelqu'un que vous aimez que vous serez heureux d'avoir travaillé. Votre richesse, vos biens ne remplaceront jamais la place de votre prochain dans votre vie. Vos connaissances font partie de votre joie, alors prenez soin d'elles et vous serez encore plus heureux, vous tirerez un bon profit de votre salaire.

Votre Choix vous garantira-t-il une vieillesse heureuse ?

La plupart de nos choix de jeunesse ne pourront être réellement évalués que plusieurs années après. On se rend compte du bon choix de son épouse ou son époux plusieurs années après le mariage. Il en est de même pour notre carrière professionnelle, pour nos investissements, pour nos combats, pour nos luttes, pour nos amis, etc. Le temps est le réel juge de nos choix. Mais quelle que soit leur nature, qu'ils soient bons ou mauvais, ces choix bâtissent la cité de notre vieillesse. **Notre choix d'aujourd'hui est un matériel de construction pour notre maison de vieillesse.**

Un jour, échangeant avec mon épouse je lui ai dit ceci : lorsque tu es sur le point de faire un choix, pose-toi toujours cette question : ce choix me garantira-t-il une vieillesse heureuse ? Si non, alors revois-le. Notez bien ceci : le signe d'une vie heureuse sur terre est une vieillesse (une fin) heureuse. On dira que vous avez vécu une vie heureuse si vous vivez une vieillesse heureuse. Dans le cas contraire, on dira que vous êtes entrés dans la tombe avec douleur. La vie de tous les patriarches dans la Bible en est un parfait exemple. Et la Bible nous enseigne que leurs vies ont été écrites pour nous servir d'exemple.

La vie de notre patriarche Abraham peut être prise comme premier exemple. Abraham a eu une jeunesse caractérisée par des moments difficiles qui débutent par son mariage avec Sarah, une jeune fille stérile (*Genèse 11v30*). Il n'avait pas d'enfants pendant que son frère Nachor avait environ douze enfants (*Genèse 22v23*). Le décès de son père à un moment important de sa vie (*Genèse 11v31*). Il venait de s'installer sur un nouveau territoire à Charan (*Genèse 11v31*) lorsque Dieu lui demande de quitter la maison de son père et même sa nation pour un lieu qu'il ne connait pas. Il quitte un pays où il a des possessions pour un autre dans lequel il n'a rien (*Genèse 12v1*). Il faut également noter la séparation d'avec son frère Lot à cause des disputes de leurs différents ouvriers (***Genèse 13v8***). Il se sent obligé de coucher avec sa servante pour espérer avoir un enfant. La séparation d'avec Ismaël s'est faite dans un contexte vraiment difficile pour lui (***Genèse 21v14***). Pendant vingt-cinq ans, Abraham n'avait qu'une promesse par laquelle il espérait un lendemain meilleur. La dernière difficulté a été la mise à l'épreuve pour le sacrifice de son fils Isaac (***Genèse 22v1-11***). Mais après avoir traversé toutes ces difficultés tout en étant fidèle à Dieu, la Bible dit qu'Abraham eut une vieillesse heureuse. Il était âgé et rassasié de jours avec Isaac, l'enfant tant attendu, mais aussi avec plusieurs autres enfants que lui enfanta Ketura, la femme qu'il maria après le décès de Sarah.

Genèse 25v8 : « Abraham expira et mourut, après une heureuse vieillesse, âgé et rassasié de jours, et il fut recueilli au près de son peuple ».

La vie du Roi David ne témoignera pas du contraire. Le Roi David eut une jeunesse très difficile. Ce fut une jeunesse derrière le troupeau de la famille, négligé de ses parents et ses frères en ce qui concerne la royauté (***2 Samuel 16v7- 13***). Une fois oint par le prophète Samuel, il était constamment en fuite face au roi Saül qui en voulait à sa vie (***2 Samuel 19***). Les débuts de sa royauté ont été marqués par une succession de combats avec ses voisins (les Philistins, les Amalécites, les Jébusiens, etc.). Mais après toutes ces choses, la Bible dit que l'Éternel lui donna du repos de toutes parts et il eut le désir de bâtir un temple en son honneur.

2 Samuel 7v1 : « Lorsque le roi habita dans sa maison, et que l'Éternel lui eut donné du repos, après l'avoir délivré de tous les ennemis qui l'entouraient... »

1 Chroniques 29v28 : « Il mourut dans une heureuse vieillesse, rassasié de jours, de richesse et de gloire. Et Salomon, son fils, régna à sa place ».

Nous pourrions également évoquer l'histoire de Jacob ou de Joseph qui ont, eux aussi, traversé des moments difficiles dans leur jeune âge, mais qui ont eu une vieillesse très heureuse. Tous ces hommes n'ont pas souffert parce qu'ils ont péché contre l'Éternel ou parce qu'ils ont fait de mauvais choix, mais parce qu'ils ont connu et choisi de suivre la voie que Dieu avait tracée pour leur vie. Ils ont fait des choix difficiles et tristes qui semblaient compliquer leur vie, mais qui leur préparaient un futur meilleur, une vieillesse (une fin) heureuse.

Par contre, nous voyons la vie du roi Salomon qui a eu une jeunesse pleine de gloire, de renommée et de richesse (***2 Chroniques 9v13-28***), mais qui a terminé d'une façon malheureuse à cause de ses mauvais choix de jeunesse. Lui qui était rempli de Sagesse a fait le choix d'une vie de débauche qui le conduisit à une fin tragique et malheureuse. Lui qui savait qu'il était interdit en Israël de s'allier avec les autres nations s'allia à la fille de pharaon et plusieurs autres femmes étrangères (*1 **Rois** 11v1-3*). Les choix de Salomon dans son jeune âge lui ont bâti une maison de tristesse et de division pendant sa vieillesse.

Si vous faites de mauvais choix dans votre jeunesse, vous aurez fort probablement une vieillesse malheureuse. J'ai entendu l'histoire d'un docteur-gynécologue qui se faisait beaucoup d'argent en pratiquant l'avortement. Il avait un ami chrétien, gynécologue comme lui, qui lui parlait toujours de Jésus. Mais ce dernier refusait de donner sa vie à Jésus, car se disait-il en son cœur : *« si je donne ma vie à Jésus je ne pourrai plus faire l'avortement et je n'aurai pas la richesse que je désire avoir. Je le ferai donc à ma retraite »*. À sa retraite, il a maintenant décidé de donner sa vie au Seigneur Jésus en se faisait même baptiser. Pensant que son plan marchait à la merveille, il se trouva tourmenté chaque jour dans son sommeil. En effet, chaque fois qu'il fermait les yeux, en journée comme de nuit, il se retrouvait dans un stade ou plusieurs enfants l'accusaient, l'indexaient comme étant celui qui les avait empêchés eux aussi de vivre sur la terre. Il était vraiment malheureux, car il ressentait chaque jour la gravité de ses actions passées. Il regrettait amèrement ses choix passés. Il a donc distribué tous ses biens aux orphelinats et aux associations qui s'occupaient des enfants. Il pleurait constamment devant Dieu pour implorer son pardon. Il vécut vraiment malheureux jusqu'à sa mort.

Une bonne relation avec votre prochain fait partie de votre équilibre

Si vous faites le choix de la solitude dans votre jeunesse, vous serez encore plus seul quand vous serez vieux. Si vous faites le choix de la haine, du manque de pardon dans votre jeunesse, personne ne s'approchera de vous dans votre vieillesse. Si vous faites le choix de travailler sans demander conseil autour de vous, vous vous retrouverez dans votre vieillesse avec des erreurs que vous auriez pu éviter.

Si vous faites de bons choix, vous serez comblés. Alors, faites le choix de bâtir une relation solide avec votre conjoint et vos enfants, vos amis et vos connaissances, vos parents et vos beaux-parents. Faites le choix de bien prendre soin d'eux, de les protéger, de les aimer, de pourvoir à leurs besoins et surtout d'avoir du temps pour eux et vous serez heureux et équilibrés tous les jours de votre vie.

Rien ne pourra prendre la place de votre prochain dans votre cœur. Il fait partie de votre vie, de votre équilibre. La Bible vous demande d'être sages dans vos relations et non d'être méfiants. L'amour parfait bannit la crainte, nous dit la Bible en *1 Jean 4v18*. Si vous êtes parfaits dans votre amour pour les autres, vous cesserez de vous méfier d'eux. Au contraire, vous prendrez soin d'eux pour votre bonheur et leur bien-être. Le désir du diable est de vous éloigner de tous pour vous faire ses propositions afin de vous soumettre à sa volonté (*2 Timothée 2v26*). Prenons donc le soin de bâtir une relation basée sur la prière avec notre entourage. Nous sommes là pour les aider et les soutenir. Ils ne sont en aucun cas nos ennemis. Ce sont nos frères et sœurs, une partie de nous. Ils participent donc à notre stabilité.

1 Jean 3v23 : « Et c'est ici son commandement : que <u>nous croyions au nom de son Fils Jésus Christ</u>, et que <u>nous nous aimions les uns les autres</u>, selon le commandement qu'il nous a donné. ».

Chapitre 8 :
VOTRE VIE FINANCIÈRE FAIT PARTIE DE VOTRE ÉQUILIBRE

La croissance financière semble être le domaine dans lequel il est plus facile de convaincre quelqu'un de s'engager, car sa nécessité se fait ressentir chaque jour. Même quand on veut jeûner, on ressent le besoin d'une bonne alimentation au moment de la rupture afin de ne pas en sortir malade et cela nécessite des moyens financiers. Comme précisé plus haut, pour notre équilibre, en prenant l'image d'une maison, si la vie spirituelle représente la fondation, notre relation avec les autres étant le gros œuvre, notre vie financière représente quant à elle la **finition**.

Figure 5 : Différentes finitions et décorations de maison.

Aussi solide que sera votre fondation et aussi grande que sera votre gros œuvre, personne ne désire vivre dans une maison inachevée. La finition donne une certaine clarté à votre vie. Elle vous donne des couleurs et vous permet une réjouissance particulière. Notre Seigneur Jésus, avant de nous quitter, nous a laissé sa paix (***Jean 14v27***), la paix dont nous avons besoin pour une vie épanouie sur la terre. Ce qui est extraordinaire, c'est que même dans les moments de trouble, IL nous garantit toujours cette paix.

Pendant longtemps l'église s'est focalisée essentiellement sur le volet spirituel, enseignant qu'un homme ayant une croissance spirituelle avancée jouirait de la paix que notre Seigneur nous a

Votre vie financière fait partie de votre équilibre

promise. Au fil du temps, l'église se rendait compte de son erreur, car plusieurs chrétiens n'arrivaient pas à jouir de cette paix dont l'église parlait toujours malgré leurs efforts de prière et de jeûne. Certains ont carrément conclu que cette paix était celle que nous manifesterons au ciel, qu'elle n'était pas accessible sur la terre. D'autres ont continué de témoigner avec force qu'elle était accessible sur la terre, car c'est la promesse faite par le Seigneur Jésus et IL n'est pas un fils de l'homme pour mentir. Il y a donc une bénédiction que nous ne manifestons pas encore.

Cela a été ainsi parce que nous avons négligé ou sous-estimé le volet financier ou matériel dans l'équilibre de notre vie. Rappelons-nous que la paix que le Seigneur nous a promise est une tranquillité provenant de la capacité que nous avons, en Lui, de nous procurer tout ce dont nous avons besoin pour notre épanouissement sur la terre. Le trouble vient, le manque de paix apparait lorsque nous nous trouvons face à une situation où nous nous sentons incapables d'agir.

Comment pourrons-nous être en paix lorsque nous nous sentons incapables de scolariser tous nos enfants à la rentrée prochaine ? Comment pourrons-nous être en paix lorsque l'église a des projets (évangélisations, constructions, achats de matériels, etc.), mais que rien ne rentre dans les caisses après plusieurs tentatives ? Comment pourrons-nous être en paix lorsque nous désirons aller évangéliser plus loin, mais qu'on n'a pas le financement adéquat ?

Comment pourrons-nous être en paix lorsque Dieu nous demande de nourrir les pauvres et que nous nous en sentons incapables ? Comment pourrons-nous être en paix lorsque nos enfants comprennent qu'ils n'ont pas le droit de rêver, car les parents ne sont pas financièrement capables ? Comment pourrons-nous être en paix lorsque certains de nos enfants ne peuvent plus continuer leurs études parce que nous sommes à bout financièrement ? Toutes ces choses sont généralement pourvues par les finances. Il est vrai que Jésus peut multiplier cinq pains et deux poisons (***Matthieu 14v17***), mais IL envoyait ses disciples, au temps du repas, acheter la nourriture en Samarie (***Jean 4v8***).

Vous pouvez avoir besoin d'une voiture par exemple et vous pouvez prier pour demander une aide à Dieu, car son achat est au-dessus de vos moyens. Mais si vous voulez prier pour obtenir toutes choses dont vous avez besoin, vous allez prier beaucoup et cela vous attristera à partir d'un certain moment. C'est pourquoi vous devez être très exigeants sur vos ressources financières.

J'ai écrit et collé cette phrase dans ma chambre : « ***Si tu as peu de ressources, tu évangéliseras seulement les personnes autour de toi, mais si tu as beaucoup de ressources, tu pourras évangéliser toute la Côte d'Ivoire et le monde*** ». Ceci, pour me rappeler constamment que les finances sont très importantes dans l'accomplissement de l'œuvre du Maître. En outre, les finances sont très importantes pour mon équilibre pendant que j'accomplis ce que le Maître m'a commandé de faire.

Si la vie spirituelle représente la fondation, notre relation avec notre prochain le gros œuvre, la croissance financière représente la finition. Sans elle, vos projets seront limités à un certain niveau de croissance et même vos actions devront être aussi limitées. La Bible nous recommande de travailler de nos propres mains afin de ne pas dépendre de quelqu'un. Dans la première épître aux chrétiens de Thessalonique, l'Esprit dit à travers l'apôtre Paul :

« Et à mettre votre honneur à vivre tranquilles, à vous occuper de vos propres affaires, et à <u>travailler de vos mains</u>, comme nous vous l'avons recommandé, en sorte que vous vous conduisiez honnêtement envers ceux du dehors, et que <u>vous n'ayez besoin de personne</u>. » 1 Thessaloniciens 4v11-12.

La Bible ne nous enseigne pas de ne pas demander de l'aide lorsque nous en avons besoin, mais elle nous enseigne à ne pas dépendre toujours des autres, car notre intimité en serait affectée. Le fait d'être capable, de par votre travail, de pourvoir aux besoins essentiels de votre famille protège votre intimité familiale. Vous protégerez aussi vos enfants d'un quelconque sentiment d'infériorité envers leurs amis et vous serez capables de venir en aide à celui qui serait dans le besoin à vos côtés (***Ephésiens 4v28***).

Une approche différente

En tant qu'enfant de Dieu, nous devons aborder la vie financière d'une façon différente. Nous devons l'aborder avec Foi et cette foi vient de notre fondation. La Bible ne cesse de nous enseigner dans tous ses livres que le juste vivra par la Foi (***Habacuc 2v4***, ***Romains 1v17***, ***Galates 3v11***, ***Hébreux 10v38***) et ne vivra que par cela. Or, la Foi naît de la parole de Dieu à laquelle nous croyons. Souvenez-vous, si vous foulez la parole au pied (***Luc 8v5***), le diable viendra l'arracher de votre cœur et elle ne vous sera pas utile. Or, si vous n'êtes pas fondés sur un roc solide, les inquiétudes vous feront vaciller à leur rythme et même une richesse conséquente ne vous empêchera pas de toujours vous inquiéter.

La parole à laquelle vous devrez toujours croire, sans jamais douter, est que Dieu désire pourvoir à tous vos besoins sans exception comme nous le dit la Bible en ***Philippiens 4v19 : « Et mon Dieu pourvoira à <u>tous vos besoins</u> selon sa richesse, avec gloire, en Jésus Christ. ».*** Cette parole doit être ancrée dans votre cœur sans que vous n'en doutiez même pendant une fraction de seconde, car c'est sur elle que seront basés votre croissance et votre épanouissement financier et matériel. Plusieurs ont du mal à croire que Dieu le désire vraiment pour eux et développent une certaine crainte à présenter à Dieu leurs besoins réels. Notre approche et notre compréhension des finances ne doivent être basées que sur la parole de Dieu.

Vous devez connaitre la volonté de Dieu pour votre vie

Dieu sait que nous avons des besoins et que pourvoir à ces besoins participera à notre équilibre. Le Seigneur Jésus dit ceci en **Matthieu 6v31-32** « *Ne vous inquiétez donc point, et ne dites pas : Que mangerons-nous ? Que boirons-nous ? De quoi serons-nous vêtus ?* <u>*Votre Père céleste sait que vous en avez besoin*</u> ». Si Dieu lui-même affirme qu'une bonne alimentation, de beaux vêtements et autres choses semblables font partie de nos besoins quotidiens, ce n'est pas un homme qui en dira le contraire.

Mais Dieu, dans son omniscience, a prévu pour chacun de nous un environnement dans lequel notre croissance à tous égards sera plus aisée. Nombreux sommes-nous aujourd'hui en tant qu'enfants de Dieu à vivre notre vie sans jamais savoir à quoi exactement nous sommes appelés de la part de Dieu. Le monde nous présente plusieurs types de métiers avec certains que nous pouvons faire de façon concomitante. La Bible par contre, nous enseigne dans le livre des Proverbes que *« **Celui qui cultive <u>son champ</u> est rassasié de pain, Mais celui qui poursuit <u>des choses vaines</u> est rassasié de pauvreté.** » **Proverbes 28v19.*** L'Esprit nous dit que chacun doit cultiver son champ et être rassasié de pain, c'est-à-dire de bonheur. Dieu a prévu pour chacun de nous un champ dans lequel la terre est déjà fertile et préparée par Lui-même et elle n'attend que nous.

L'avantage de connaitre votre champ, celui que Dieu a préparé pour vous, est que vous serez focalisés sur votre mission avec plus de capacité d'exceller. Souvent, lorsqu'il s'agit de chercher ce à quoi nous sommes appelés, notre champ de mission, nous avons le regard fixé sur nous et notre condition actuelle. Or, cela va au-delà de nous. Dieu peut regarder aux besoins de votre pays, de votre région ou du continent dans lequel vous êtes et préparer un champ pour vous afin que vous soyez celui à travers qui IL répondra à ce besoin. Si vous ne cherchez pas ce qu'IL a prévu, vous vous disqualifierez vous-même d'un impact plus grand et d'une richesse plus importante pour vous, votre famille et l'œuvre du Saint-Esprit.

Dieu ne se focalise pas sur une personne avant de l'appeler, mais plutôt sur ceux vers qui IL envoie cette personne. Si vous ne vous focalisez que sur vous, vous manquerez son plan. Dieu pourrait regarder à un besoin en Afrique de l'ouest et vous préparer un champ afin de vous donner un impact

Votre vie financière fait partie de votre équilibre

dans toute cette partie de l'Afrique. Mais vous, vous n'êtes focalisés que sur votre petite ville ou village ou quartier ou même le métier en vogue dans votre milieu pour vous orienter pourtant Dieu avait préparé plus grand.

Votre façon de penser est conditionnée par votre environnement. Votre compréhension des évènements est le résultat de tout ce que vous avez vécu, vu et entendu depuis votre naissance. Et Dieu le sait, c'est pourquoi IL dit : « *... mes pensées ne sont pas vos pensées, Et vos voies ne sont pas mes voies...* » *Esaïe 55v8*. Pour voir différemment, il faudrait entendre de nouvelles choses. Pour penser autrement, il faudrait voir de nouvelles choses.

Avant que vous ne traversiez toutes les situations et expériences de votre vie qui ont fait de vous l'homme ou la femme que vous êtes aujourd'hui, et bien avant que vous ne viviez dans cet environnement ou ce pays, Dieu avait déjà pensé pour vous des projets, des stratégies de travail et des résultats bien définis. Si vous voulez réussir, être équilibrés financièrement et vivre dans la paix, cherchez ce domaine, ce champ que Dieu vous a préparé. Cherchez-le dans la prière et dans le travail régulier. Je vous encourage à suivre les conférences, en présentiel ou en ligne, gratuites ou payantes afin d'ouvrir votre esprit à de nouvelles idées et terminer par la prière. C'est à cet endroit que Dieu vous dira de nouvelles paroles, qu'IL vous fera voir de nouvelles visions afin que vous pensiez comme Lui et que vous choisissiez ses voies.

Exode 23v20 : « Voici, j'envoie un ange <u>devant toi</u>, pour te protéger en chemin, et pour te faire arriver au lieu que <u>j'ai préparé</u> ».

La jeune fille couturière

J'ai entendu un jour l'histoire d'une jeune fille couturière, que je nommerai Roselyne, qui a dû arrêter l'école très tôt par manque de moyens financiers. Elle aimait la couture et sentait que Dieu l'appelait dans ce domaine. Très tôt, avec ses petits moyens et avec le soutien de l'un de ses parents, Roselyne s'acheta une machine à coudre. Elle se donna de tout cœur à ce métier et réalisa des progrès évidents à son jeune âge. C'est là l'avantage de connaitre ce que Dieu veut pour vous et de vous y donner avec tout votre cœur par une attitude de travail constante et innovante.

Pendant qu'elle évoluait dans son travail, elle rencontra des moments difficiles dus à une maladie qui l'obligea à tout laisser pour suivre un traitement curatif dans son village. Les choses s'aggravaient, la maladie semblait tendre vers la folie. Roselyne y resta pendant plus d'un an et demi avant de pouvoir retourner à Abidjan, la capitale économique de la Côte d'Ivoire, pour terminer ce traitement. Elle sortit totalement de cette maladie après deux années supplémentaires de traitement à Abidjan. Cette maladie lui aura pris en tout entre trois et quatre ans.

Déboussolée, elle reprit confiance en elle avec le temps et décida de travailler comme femme de ménage chez une dame. Roselyne se souvenait de la couture, mais la pensée de tout reprendre à zéro la démoralisait. Elle savait où était rangée sa machine avant de partir pour le village, mais l'envie lui manquait de s'en approcher. Elle pensait souvent à vendre cette machine. Le plus important fut qu'elle renoua sa relation avec le Seigneur et continua de demander sa direction et sa grâce. Elle écouta le Seigneur afin de ne pas laisser son état de pensée la désorienter.

Un jour, elle fit un songe où elle se retrouva dans un atelier de couture, pas comme une employée, mais comme la première dirigeante supervisant les travaux de ses employés. Elle voyait cela comme un appel de Dieu à retourner à la couture, mais elle manquait de moyens financiers pour s'inscrire dans un atelier afin de suivre à nouveau une formation.

Un jour, en marchant au bord de la voie avec son amie, Roselyne lui expliqua son désir de retourner à la couture, car elle sentait l'appel de Dieu à y retourner en lui expliquant son songe. Elle reçut les encouragements de son amie, puis quelques minutes après, elles changèrent de sujet. Pendant leur marche, elles passèrent devant une boutique dont la devanture présentait un écriteau portant la mention

: « *À Louer* », avec les contacts du propriétaire. Roselyne regarda la boutique et eut l'impression de l'avoir déjà vu quelque part. ''Bimmm'' cela lui revenait. C'était l'atelier de son songe, celui dans lequel elle était la première dirigeante. Immédiatement, elle appela le propriétaire et lui dit : « *Monsieur, je souhaiterais louer votre boutique pour en faire un atelier de couture, mais je n'ai pas d'argent actuellement pour la caution. Je vous payerai plus tard cette caution et les loyers quand je démarrerai mes activités et que j'aurai mes premières entrées financières.* ». Aussi surprenant que cela puisse paraître, ce monsieur, sans connaitre Roselyne auparavant, accepta sa proposition. Le lendemain, Roselyne était dans son atelier avec sa seule machine à coudre.

Quelques années plus tard, Roselyne devint une couturière professionnelle avec une grande équipe à sa charge. Elle parcourait les pays d'Afrique du Nord et du Sud, Dubaï, la Turquie, l'Europe, etc, pour l'achat de ses tissus et accessoires pour confectionner des vêtements destinés à une partie de sa clientèle issue de l'Afrique du Nord, de l'Afrique du Sud, de l'Europe et même de l'Asie.

Si vous marchez dans votre champ, vous brillerez et votre famille bénéficiera d'un bon équilibre financier et matériel. « ***Prêtez l'oreille et venez à moi…*** », a dit le Seigneur en ***Esaïe 55v3***. Sans écouteret suivre les voies du Seigneur, rien de bon ne sortira de nous. C'est avec peine, avec beaucoup de fatigue et l'inquiétude au cœur que nous nous coucherons chaque soir (***Psaumes 127v2***). Dieu promet et donne la croissance financière à ses enfants avec douceur et paix. Il donne un champ et le prépare pour ses enfants afin qu'ils se réjouissent dans leurs métiers et qu'ils puissent voir progresser l'œuvre de leurs mains. De votre bonne relation avec le Seigneur, votre fondation, vous tirerez des bénéfices inestimables y compris ceux de votre vie financière.

Vos besoins sont déjà pourvus d'avance

Jésus, s'adressant à ses disciples qu'il voyait inquiets à cause des actions des hommes à leur égard, leur demande de ne pas s'inquiéter et leur dit : ***Matthieu 10v27-30 : « 28- Ne craignez pas ceux qui tuent le corps ... »***, car ***« 30 ... même les cheveux de votre tête sont tous comptés »***. Lorsque nous connaissons le domaine dans lequel Dieu nous a appelés, comme les disciples, nous ne devons pas craindre pour les ressources nécessaires à notre épanouissement durant la mission. Le jour où le Seigneur nous informe du domaine auquel nous sommes appelés, nous devons aussi comprendre qu'IL a tout prévu pour notre réussite et notre épanouissement.

Le plus gros travail de notre part sera de développer notre esprit, de changer de mentalité, d'acquérir de la connaissance jusqu'à être à la hauteur de la tâche. Si vous conservez cette attitude que vous avez, cet état de pensée, même si vous connaissez la volonté parfaite de Dieu pour vous, vous serez incapables de l'accomplir. Certains ont bien connu les projets de Dieu pour eux, mais se sont limités à accomplir une très petite partie. Pendant que Dieu les attendait au doctorat avec des projets d'impact national et international, eux se sont arrêtés à la licence pour travailler dans une petite structure avec un plan de croissance ambiguë.

Dans le livre des Psaumes, le Saint-Esprit nous révèle une vérité fondamentale. IL dit : « ***Quand je n'étais qu'une masse informe, tes yeux me voyaient ; Et sur ton livre étaient tous inscrits les jours qui m'étaient destinés, avant qu'aucun d'eux n'existât » Psaumes 139v16***. Sur la base de ce verset, vous devez avoir l'assurance que votre naissance n'est pas un hasard (que vous soyez le résultat d'une relation légale, impudique ou adultère). Le choix de votre domaine n'est pas basé sur votre motivation d'aujourd'hui. Les ressources nécessaires à votre croissance financière ne sont pas liées aux circonstances d'aujourd'hui, même si vous êtes dans un moment de crise mondiale, nationale ou locale, que les Hommes vous aiment ou pas. C'est pourquoi vous ne devez pas vous focaliser sur vous, sur votre famille pour définir la taille de vos ressources. Vous devez vous tourner vers Dieu qui a choisi le domaine pour vous avant votre naissance.

Dieu vous a-t-il appelé dans l'ingénierie, dans

le domaine des finances, de la communication, de l'informatique, du bâtiment, de la construction de voies, de la conception mécanique ou énergétique, de la production d'énergie, de l'éducation, du ministère pastoral, évangélique, etc. ? Quelle que soit votre situation aujourd'hui, gardez votre cœur constamment dans sa présence, soyez un travailleur acharné et sérieux. Dieu a peut-être un projet d'envergure nationale ou internationale pour vous.

Je rencontre plusieurs jeunes chrétiens très engagés dans leurs communautés locales, mais qui ont arrêté l'école par manque de moyens financiers. Ils se contentent de subir la vie sans jamais chercher à savoir le plan que Dieu avait écrit pour eux avant qu'ils ne naissent. Ils sont engagés pour Dieu, mais sans réellement le connaitre et avoir une intimité constructive avec Lui. Ils n'ont jamais laissé Dieu changer leurs pensées afin de leur communiquer les projets de vie qu'IL a pour eux et leur montrer la voie pour y arriver.

Un jour, le Seigneur Jésus a envoyé ses disciples en mission pour annoncer la bonne nouvelle dans des campagnes de Jérusalem. Aussi surprenant que cela soit-il, IL leur demande de ne rien prendre pour le voyage c'est-à-dire ni sac, ni vêtements, ni argent (Ehhh Jésus). *Luc 10v4-7 : « Ne portez ni bourse, ni sac, ni souliers... ».* Mais IL leur dit : *« Dans quelque maison que vous entriez, dites d'abord : Que la paix soit sur cette maison ! ... Demeurez dans cette maison-là, <u>mangeant et buvant ce qu'on</u>*

vous donnera ; car l'ouvrier mérite son salaire. N'allez pas de maison en maison ». Jésus informe indirectement ses disciples que les maisons où ils mangeront sont déjà prévues et qu'ils n'ont pas à s'inquiéter. Son objectif est que les disciples soient focalisés sur la mission et non sur les ressources. Lorsque vous avez les regards constamment sur vos ressources, vous risquez de réduire ou de mettre fin à la mission parce que les ressources à votre disposition semblent être épuisées, pendant que Dieu en a prévu une quantité illimitée.

Votre équilibre financier et matériel est un point important pour votre stabilité dans votre parcours sur terre et Dieu le sait. C'est pourquoi vous aurez son assistance tous les jours. Dieu vous a-t-il convaincu de créer une entreprise ? Alors, sachez que vos investisseurs, votre siège, vos clients fidèles et ponctuels, vos collaborateurs sont déjà prévus. Si vous avez l'esprit assez développé et préparé, vous aurez la stratégie commerciale pour les attirer à vous. IL dit dans sa parole : ***« Jusqu'à votre vieillesse je serai le même, Jusqu'à votre vieillesse je vous soutiendrai ; Je l'ai fait, et je veux encore vous porter, vous soutenir et vous sauver »*** *Esaïe 46v4.*

Notre Seigneur se révèle rarement et même souvent ne se révèle pas à celui ou celle qui n'est pas préparé. Avant que vous ne receviez la vision et l'orientation, vous devez vous bâtir. C'est pourquoi vous devez être une jeune fille, ou un jeune homme travailleur(se), sérieux(se), déterminé(e) et soumis(e).

Vous ne devez pas hésiter à vous former que cela soit payant ou gratuit. La formation et les conférences ouvriront votre esprit et vous prépareront au plan de Dieu. Tant que vous n'aurez pas atteint le niveau d'ouverture d'esprit, de réflexion, de soumission, d'engagement, de motivation et de connaissance que le Seigneur attend de vous, IL ne vous révélera rien du projet qu'il a pour vous.

Dieu vous juge sages en ce qui concerne votre destinée lorsque vous commencez à penser comme Lui-même a pensé pour vous depuis la fondation du monde. Dans le livre des proverbes, il est dit de la sagesse que : *« **Elle est plus précieuse que les perles, Elle a plus de valeur que tous les objets de prix. Dans sa droite est <u>une longue vie</u> ; Dans sa gauche, <u>la richesse et la gloire</u>.** »* Proverbes 3v15-16. C'est pourquoi la Bible dit : *« **Heureux l'homme qui a trouvé la sagesse, Et l'homme qui possède l'intelligence !** »* Proverbes 3v13. Recherchez donc la connaissance et la sagesse, car si *Jérémie 29v11* est vrai, alors Dieu a un grand projet pour vous et IL n'attend que vous pour le lancer.

Sa stratégie commerciale était d'origine divine et sauvait toute une nation

L'histoire de Joseph (***Genèse 37 à 48***) nous parle d'un jeune homme qui traversa des moments difficiles dans sa marche avec le Seigneur, mais qui s'est toujours attaché à Lui pour le guider et le garder. Admirant l'état de son cœur à toujours être serviable aux hommes dans tout ce qu'il fait, Dieu lui donna une stratégie pour sauver une nation dans un moment de crise. Cette nation d'Égypte ne connais sait pas le Dieu d'Israël et ne le craignait dans aucune de ses actions. Mais Dieu donna une stratégie à probablement le seul homme qui le craint dans cette nation pour sauver tous les habitants du pays sans exception. Je crois que cela sera votre partage si vous gardez le regard constamment fixé sur Dieu.

Si Dieu requiert de vous un certain niveau de sagesse avant de vous révéler son plan total de développement, c'est parce que son plan tient compte de votre épanouissement et celui de votre famille, des habitants de votre pays et de l'œuvre de Jésus-Christ à la croix. Dieu n'imagine pas un instant pour vous une vie professionnelle ou entrepreneuriale qui vous éloignera de Lui ou encore une vie dans laquelle le profit est le seul objectif. Dieu ne voudrait pas pour vous une entreprise dans laquelle vos directeurs ont des familles brisées, vos employés ont difficilement une relation avec Lui parce que vous les occupez tout le temps. Votre croissance financière devra participer à l'épanouissement y compris matériel et spirituel des hommes et femmes de votre entourage. C'est ce qui doit être la différence entre vous qui connaissez et craignez Dieu et ceux qui ne le connaissent pas.

Si Dieu vous demande d'être constamment dans sa

présence, c'est parce que son plan est plus complexe que vous ne l'imaginez. Quand je commençais la rédaction de ce livre, un jour j'ai eu à l'esprit de nouvelles stratégies pour la création d'entreprises associées à la croissance de l'évangile.

Imaginez une entreprise dont l'ouverture d'une nouvelle succursale ou d'un nouveau bureau dans un nouveau territoire (ville, pays ou région) était associée à l'ouverture d'un nouveau lieu de culte. Imaginez une entreprise construite avec un lieu de culte et de prière pour permettre aux employés de se retirer à leurs heures de pause pour prier et s'exhorter les uns les autres. Imaginez une entreprise dont le gain des âmes fait partie des objectifs des employés chrétiens. Imaginez une entreprise dont l'accroissement du chiffre d'affaires signifiait aussi une augmentation du soutien à l'évangile (chaine de radio, télévision, croisades, etc.). Imaginez une entreprise qui se donne des objectifs de construction d'écoles pastorales et le financement des formations des étudiants Pasteurs. Je vous laisse continuer d'imaginer... C'est peut-être ce que le Seigneur veut accomplir par vous. Soyez dans sa présence. Son plan est plus grand et plus inclusif que vous ne pouvez l'imaginer. Si vous travaillez beaucoup, mais priez peu, votre entreprise ne se différenciera en rien d'une entreprise créée par un païen.

Votre épanouissement financier et matériel occupe une place importante dans le plan de Dieu. Il n'a jamais désiré vous voir manquer de l'essentiel.

Examinez la vie de Jésus : chaque fois qu'il avait besoin de quelque chose ou d'une personne, Il savait où la trouver. Il savait où trouver l'ânesse pour son entrée à Jérusalem (***Marc 11v1-3***), Il savait dans quelle chambre haute il mangerait la dernière pâque et comment elle était équipée pour cela (***Marc 14v13-15***). Il savait qu'il mangerait chez Zachée au déjeuner, quand Zachée cherchait par tous les moyens, le voir passer (***Luc 19v5***). Mais pourquoi en était-il ainsi ? C'est parce que toute sa vie (sa naissance, ses déplacements, ses actions et ses paroles, ses parents et ses disciples, le lieu de sa mort et même son tombeau) a été prophétisée avant sa venue dans le pays d'Israël. Cela n'aurait pas été aussi simple s'il se rendait en Europe, en Asie ou en Amérique pour y vivre quelque temps et prêcher l'évangile. Aucune prophétie ne parlait d'une quelconque provision dans ces lieux.

De même, Dieu désire pourvoir à tous vos besoins dans un lieu et dans un plan qu'IL a déjà conçu à l'avance comme nous le dit le ***Psaumes 139v16***. Votre épanouissement à tous égards y compris financièrement a été prophétisé par Dieu Lui-même. Cherchez votre champ, votre territoire. Formez-vous et soyez constamment dans sa présence jusqu'à avoir le niveau d'ouverture d'esprit et de sagesse que Dieu attend de vous. Jouez votre part dans le plan de Dieu et soyez épanouis financièrement et matériellement.

Exode 23v20 : « Voici, j'envoie un ange <u>devant toi</u>, pour te protéger en chemin, et pour te faire arriver au lieu que <u>j'ai préparé</u> ».

CONCLUSION

En parcourant ces lignes, ces petites histoires, ces passages Biblique, et la vie de Jésus dans tout son parcours terrestre, le Saint-Esprit nous a fait comprendre qu'aussi longtemps que nous ne progresserons pas de façon équitable dans notre vie spirituelle, dans notre relation avec les autres et notre vie financière et matérielle, nous serons déséquilibrés.

Nous nous sommes efforcés de vous aider à comprendre les domaines dans lesquels notre Seigneur Jésus a déployé son attention afin de réussirsa mission sur la terre. Notre objectif a été de vous faire voir combien de fois vous serez vulnérables lorsque vous serez confrontés à des situations dans un domaine de votre vie dans lequel vous êtes ignorants ou moins préparés.

Soyons calmes et réfléchissons. Qu'aurait fait Jaïrus lorsque sa fille était morte si Jésus n'était pas présent, lui qui était chef de synagogue (***Luc 8***) ? Qu'auraient fait toutes ces personnes envers qui la disciple et serviable Tabitha a fait beaucoup de bonnes œuvres si l'apôtre Pierre n'était pas dans la ville d'à côté, si ce n'est l'enterrer ? Qu'aurait fait cet homme paralytique en ***Marc chapitre 2***, si ses amis ou ses frères n'acceptaient pas de le porter et de monter avec lui sur le toit pour le présenter à Jésus ? Sa vie serait restée probablement la même. Qu'auraient fait les disciples lorsque Jésus les envoyait aux environs de la sixième heure (douze heures de notre horloge) en Samarie pour acheter de la nourriture s'ils n'avaient pas d'argent avec eux ? (***Jean 4***)

Aujourd'hui, lorsque nous entendons une recommandation à croître dans plusieurs domaines de notre vie, une seule question nous passe à l'esprit : aurais-je le temps ou la capacité de faire cela ? Peut-être l'avez-vous ressenti pendant votre lecture. Je voudrais vous dire ceci : « ***Si vous avez de la bonne volonté et si vous êtes dociles, Vous mangerez les meilleures productions du pays ;*** » *Esaïe 2 1v19*. Oui, si vous avez de la bonne volonté et si vous désirez vivre la vie abondante que Jésus vous a donnée par sa mort à la croix, c'est-à-dire manger les meilleurs fruits de la vie, vous devez vous donner esprit, âme et corps pour votre croissance à tous égards. Vous ne devez rien négliger.

Conclusion

La parole de Dieu nous a enseigné qu'il y a un temps pour toutes choses sous les cieux (***Ecclésiaste 3v1***). Au travers de votre désir de vivre la vie de Jésus, sans vous limiter vous-même dans vos pensées, le Saint-Esprit vous aidera à trouver le temps et la force de croître équitablement dans ces trois domaines comme notre Seigneur Jésus l'a fait étant sur la terre.

À la fin de chaque année, vous témoignerez vous-même de l'amélioration de la qualité de votre relation avec le Saint-Esprit, votre disposition à prier davantage et lire la parole de Dieu, votre capacité à recevoir ses orientations dans votre vie de famille et votre domaine d'activité. Je suis encore jeune dans le foyer, mais c'est en priant que le Seigneur m'a mis à cœur de donner à mon épouse, pendant un certain temps, un chocolat chaque matin en lui disant que je l'aime. Cela a fait beaucoup de bien à mon épouse.

À la fin de la même année, vous serez encore témoins du renforcement de la relation que vous aurez avec votre entourage parce que vous aurez appris à les porter en prière et avoir pour eux l'amour que Dieu a pour vous. Vous verrez comment vous serez plus stables dans vos choix professionnels, car vous connaîtrez la mission à laquelle votre créateur vous a destiné. Vous serez de moins en moins dispersés dans votre travail, vous serez plus performants et vous contribuerez certainement au développement du royaume céleste de votre pays.

N'acceptez pas de vous contenter du peu quand Dieu vous a donné l'infiniment grand. N'acceptez pas de vivre avec une maladie dans votre corps quand Jésus l'a déjà portée à la croix. N'acceptez pas de laisser des malédictions passer par vous et atteindre vos enfants quand vous avez la capacité de les briser aujourd'hui dans le nom de Jésus Christ. N'acceptez pas de vivre dans la haine, la jalousie, le mépris, le manque de pardon, d'amour et de compassion quand le fruit de l'Esprit est disponible pour vous. N'acceptez pas de vivre constamment dans le manque quand notre Seigneur Jésus a tout donné pour que vous ne manquiez de rien. N'acceptez pas de vivre sans orientation précise dans votre vie quand le Saint-Esprit est là pour vous guider dans les voies de Dieu.

Chers lecteurs, nos chemins se sépareront dans quelques lignes, je veux bien les utiliser en vous disant ceci : « ***Bien-aimés, le Saint-Esprit souhaite que vous soyez prospères à tous égards et que vous soyez en bonne santé, comme prospère l'état de votre âme.*** » ***3 Jean 1v2*** *(paraphrasé)*. Que Dieu vous donne de comprendre et de vous engager. Allez-y sans hésiter, Dieu vous a déjà devancés.

« Ayant appelé à lui la foule, Jésus lui dit : Écoutez, et comprenez. » Matthieu 15v10.

TABLE DES MATIÈRES

Dédicace 7
Remerciements 9
Sommaire 11
Table des illustrations 12

Introduction 13

Chapitre 1 :
Le constat **19**

Chapitre 2 :
Moi je suis de Paul... et Moi, je suis d'Apollos.... 25
 Vous appartenez au Christ *31*

Chapitre 3 :
Des hommes et des femmes consacrés 37
 Imaginons un instant *44*
 Nous devons être exigeants *44*

Chapitre 4 :
La Croissance à tous égards 49
 La parabole du Semeur *55*
 Acceptons entièrement la Parole *58*

Chapitre 5 :
Vous devez avoir une expérience personnelle
de Jésus-Christ 61
 Vous ne devez pas avoir peur, mais soyez sages *65*
 Deux femmes qui perdent leurs enfants
 à six mois de grossesse *68*

Chapitre 6 :
Votre croissance spirituelle : la fondation de votre équilibre. **73**
Dieu vous attend *76*
Les premiers pas de la vie de Jésus *77*
Sa parole est un roc et la prière une force *80*
Le centenier se sentait impuissant malgré tout ce qu'il avait *85*

Chapitre 7 :
Une bonne relation avec votre prochain fait partie de votre équilibre **91**
Vous devez prier pour vos différentes relations *95*
Les lis des champs *99*
Rien ne pourra remplacer votre prochain dans votre vie *101*
Votre Choix vous garantira-t-il une vieillesse heureuse ? *104*

Chapitre 8 :
Votre vie financière fait partie de votre équilibre **111**
Une approche différente *116*
Vous devez connaitre la volonté de Dieu pour votre vie *117*
La jeune fille couturière *120*
Vos besoins sont déjà pourvus d'avance *123*
Sa stratégie commerciale était d'origine divine et sauvait toute une nation *127*

Conclusion 131

Édition : BoD · Books on Demand,
31 avenue Saint-Rémy, 57600 Forbach,
bod@bod.fr

---

*Impression : Libri Plureos GmbH,
Friedensallee 273,
22763 Hamburg (Allemagne)*

ISBN
978-2-3225-3529-3

Dépôt légal : Décembre 2024
Éditeur N°
du 19 Novembre 2024
4ᵉ Trimestre 2024